いちばんやさしい
普段づかいのバッグ

Wrap Around R.
松下純子
清水真弓

PHP

もくじ

基本のバッグ たてなが
写真 P.4　作り方 P.30

基本のバッグ よこなが
写真 P.4　作り方 P.30

ベルトバッグ
写真 P.5　作り方 P.34

3WAYバッグ
写真 P.6　作り方 P.34

リバーシブルバッグ
写真 P.7　作り方 P.35

きんちゃくバッグ
写真 P.8　作り方 P.42

キルトバッグ よこ
写真 P.9　作り方 P.46

キルトバッグ たて
写真 P.9　作り方 P.50

ワンハンドルバッグ
写真 P.10　作り方 P.56

ボトルバッグ
写真 P.11　作り方 P.56

ワンハンドルポーチ
写真 P.11　作り方 P.53

ファスナーポシェット
写真 P.12　作り方 P.60

ファスナーポーチ
写真 P.13　作り方 P.60

サコッシュ
写真 P.13　作り方 P.65

ラージトート
写真 P.15　作り方 P.78

ミニトート
写真 P.15　作り方 P.78

2WAY リュック
写真 P.16　作り方 P.72

ギャザーバッグ
写真 P.18　作り方 P.68

ギャザーポシェット
写真 P.19　作り方 P.68

レジャーバッグ
写真 P.20　作り方 P.83

レジャーポーチ
写真 P.21　作り方 P.83

バッグインバッグ
写真 P.21　作り方 P.86

じゃばらバッグ
キッチンクロス
写真 P.22　作り方 P.91

じゃばらバッグ
ふろしき
写真 P.22　作り方 P.91

エコバッグ
写真 P.23　作り方 P.88

小枝バッグ
写真 P.24　作り方 P.94

薪バッグ
写真 P.24　作り方 P.94

バッグ作りに使う道具と材料 P.25
布の準備 P.26
ミシン縫いの基本 P.27
手縫いの基本 P.28
バッグ作りのポイント P.28
作り方ページの見方 P.29

基本のバッグ たてなが
作り方 P.30

Ａ４サイズの書類が入るたてながのバッグは、肩にかけられる持ち手の長さもポイント。内袋つきなので、縁かがり縫いなどの手間がかかる工程が不要です。ストライプ柄のコットン素材を使用。

基本のバッグ よこなが
作り方 P.30

袋口の幅が広く、モノの出し入れがしやすい、よこながデザインのバッグ。お稽古用に最適なサイズ感もポイントです。ナチュラルな風合いのリネン素材で仕立て、大人かわいい雰囲気を演出。

ベルトバッグ
作り方 P.34

袋口にマグネットボタンつきのベルトをつけ、底のマチを大きくとった、ボート型のバッグ。コットン素材のキャンバス生地に接着芯を貼り、ハリのある仕上がりに。清楚な白はビジネスシーンにも活躍しそう。

3WAY バッグ
作り方 P.34

手さげ、ショルダー、リバーシブルと、シーンに合わせて3通りの使い方ができるコットン素材のバッグ。表はシワ感のあるイエローでナチュラルに、裏はストライプ柄でカジュアルな表情をプラス。

リバーシブルバッグ
作り方 P.35

表はコットン素材のチェック柄、裏はデニムのリバーシブル仕様のバッグ。外袋にはさっと小物の出し入れができる大きなポケットをつけ、機能性にもデザイン性にもすぐれています。

きんちゃくバッグ
作り方 P.42

大きな水玉プリントのキャンバス素材の生地が大人かわいい、きんちゃく布つきのバッグ。袋口をキュッとしぼれば、中身が隠せるので、貴重品を入れても安心。底のマチを大きくとっているので、収納力も抜群です。

キルトバッグ よこ
作り方 P.46

外袋と内袋の間にキルト芯をはさんでよこラインにステッチをかけ、ふんわりと仕上げたキルトバッグ。表地に使用したコットン素材の生地は、花柄の織り模様でエレガントな表情をプラス。

キルトバッグ たて
作り方 P.50

リネン素材のブラウン生地に、赤の糸でたてステッチをかけた、ハンドメイドのぬくもりあふれるバッグ。持ち手と内袋を糸と同色にして、統一感をもたせたリバーシブル仕様です。

ワンハンドルバッグ
作り方 P.56

リネン素材の生地で仕立てた、大きなマチのバケツ型のバッグ。幅広の平紐がデザインのアクセントに。前と後ろで布の色を切り替えると、持ち方しだいでさまざまな表情が楽しめます。

ボトルバッグ
作り方 P.56

ワンハンドルバッグを、ワインのフルボトルがぴったり入るサイズにアレンジ。手みやげ用にはもちろん、普段づかいにもおすすめです。ストライプと無地の生地は、ナチュラル感あふれるリネン素材。

ワンハンドルポーチ
作り方 P.53

コンパクトながらも長財布が入るサイズ感のポーチは、ちょっとしたお出かけに最適。コットン素材の無地をベースに、バッグの中央と持ち手をチェック柄で切り替えたデザインもポイントです。

ファスナーポシェット
作り方 P.60

右ページのファスナーポーチにタブと金具をつけ、ショルダーベルトが取りつけられるポシェット仕様に。シックなボルドーのコーデュロイは、秋冬のコーディネートにおすすめの布です。

ファスナーポーチ
作り方 P.60

化粧品や小物を入れる万能なファスナーつきのポーチ。自立するようにマチを大きくとることで、収納力もアップします。使用した生地は、可憐な花柄プリントのコットン素材。

サコッシュ
作り方 P.65

カジュアルスタイルにピッタリなサコッシュ。汚れにくく防水性にすぐれたラミネート加工をほどこした生地を使用。布の端がほつれにくいので、縫いやすさもポイントです。

ラージトート
作り方 P.78

家庭用のミシンで縫いやすい厚みの11号の帆布で仕立てたトートバッグ。白とネイビーで切り替えた配色でカジュアル感を演出。1泊の旅行にも使える大容量のサイズです。

ミニトート
作り方 P.78

ラージトートを小さなサイズにアレンジ。散歩や、お弁当箱などを入れるサブバッグとしても活躍。外マチ仕様なので、両サイドの三角がデザインのアクセントになります。

2WAY リュック
作り方 P.72

両手が使える便利なリュックは、トートバッグとしても使える持ち手がついた2WAY仕様。スポーティすぎないスタイリッシュなデザインや、赤のキャンバス生地にちらりと見える内袋のストライプ柄もおしゃれなアクセント。肩紐はコードストッパーで調整できるので、フィット感もバッチリです。

ギャザーバッグ
作り方 P.68

底にギャザーをほどこし、立体感をもたせたバッグ。底布に外マチをとっているので、見た目以上の収納力もポイントです。コットン素材の織り柄の布やシルバーの平紐(ひも)でエスニックな雰囲気を演出。

ギャザーポシェット
作り方 P.68

ギャザーバッグのサイズを小さくして、袋口を平ゴムでしぼった、ころんとしたフォルムのポシェット。コットン素材の花柄生地にチュールレースを重ねると、愛らしさがアップします。

レジャーバッグ
作り方 P.83

レジャーシートをリメイクしたユニークなバッグ。水にぬれても汚れてもサッとふけるので、ピクニックや海水浴などのアウトドアに最適。布と同様にミシンでかんたんに縫えます。

レジャーポーチ
作り方 P.83

レジャーバッグをコンパクトにアレンジした、ボトルホルダーつきのポーチ。水に強い素材なので、シャンプーなどのアメニティグッズの持ち運びにもおすすめです。

バッグインバッグ
作り方 P.86

ポケットがたくさんついたバッグインバッグは、筆記用具やスマートフォンなどの小物の収納に便利。持ち手つきなのでそのままバッグとしても使えます。使用した生地は、ハリ感のあるナイロン素材。

じゃばらバッグ
キッチンクロス
作り方 P.91

リネン素材のキッチンクロスで仕立てたバッグは、じゃばら状に折って縫うだけでかんたんに作れます。荷物を入れると俵型に広がり、両端を引っぱると帯状に、丸めるとコンパクトになります。

じゃばらバッグ
ふろしき
作り方 P.91

約90cmのふろしきで仕立てた、ボストンバッグのようなじゃばらバッグ。速乾性にすぐれ、丈夫なポリエステル素材がおすすめです。買い物やお出かけ時の荷物が多い時に大活躍。

エコバッグ
作り方 P.88

日常のお買い物で使いやすい、レジ袋と同じ形のエコバッグ。サイドに大きくマチがあるので、見た目以上に大容量。小さくたためるのもポイントです。鮮やかな花柄生地はポリエステル素材。

小枝バッグ
作り方 P.94

サイドを縫わないアウトドア用のバッグ。小枝が入るサイズは、レジャーシートや遊具の持ち運びにもおすすめです。生地はポリエステルコットン素材。

薪バッグ
作り方 P.94

キャンプで薪が楽に運べる大きいサイズ。アウトドア以外でも、幅の広いものや大きな箱、重い荷物を楽に運べます。生地はポリエステルコットン素材。

バッグ作りに使う道具と材料

本書で紹介する作品を作るときに使う道具と材料を紹介します。

基本の道具

❶ピンクッション・手縫い針（普通地用）・マチ針　❷手縫い針用糸通し　❸手縫い糸（スパン糸がおすすめ）　❹マスキングテープ（ミシンの縫い代の目印に使用）　❺裁ちバサミ　❻握りバサミ　❼リッパー　❽印つけ用のペン（チャコペンのほかに、こすって消えるボールペンもアイロンの熱で消える）　❾目打ち（縫い返した角を出すなど、細かい作業用）　❿紐通し　⓫三角定規　⓬メジャー　⓭方眼定規（30cm以上のものが便利）　⓮アイロン台　⓯アイロン　⓰アイロン定規（三つ折りをするときにはかりながらアイロンがあてられる）　※ミシン・ミシン針・ミシン糸 P.27参照

持ち手用の平紐

持ち手になる平紐は、素材や織り方、厚みなどたくさんの種類があるので、バッグの布地やデザイン、用途に合ったものを選ぶ。❶コットンテープ（肌になじむやわらかな紐）　❷リネンテープ（ナチュラルな風合いの薄手の紐）　❸PPテープ（軽くて強いポリプロピレンの紐で、水に濡れてもすぐに乾く素材）　❹幅広デザインテープ（本書では織物のテープを使用。刺繍を施したものなど、さまざまなデザインがある）

ファスナー

ファスナーは、バッグの布地やデザイン、用途に合ったものを選ぶ。❶ビスロンタイプ（かみ合わせ部分が樹脂）　❷金具タイプ（かみ合わせ部分が金具）

キルト芯

ふわふわした綿（表）と裏打ちシート（裏）の2層になったキルト芯。キルト芯には伸びる方向と伸びない方向があるので型崩れしにくい。

パーツ

■平紐の長さ調整や取りつけに使用　❶アジャスター　❷Dカン　❸角カン　❹ナスカン
■丸紐の長さ調整に使用　❺2つ穴コードストッパー（左：プラスチック　右：樹脂に塗装したもの）

マグネットボタン

縫いつけタイプのマグネットボタン。❶プラスチックタイプ　❷金具タイプ

マチ針の代用

マチ針が通りにくい布地におすすめ。❶しつけテープ（手芸用両面テープ）　❷手芸用クリップ

布の準備

コットンやリネン素材の布は、洗濯によって縮むことがあるので、布を裁断する前に水通ししておきましょう。

本書で使用した主なバッグの布と特徴

布	特徴	布	特徴
コットン（綿）	いちばんポピュラーな天然の植物素材	ラミネート加工	コットンなどの布にビニールをコーティングしたもの
リネン（亜麻）	亜麻という植物が原料のナチュラルな風合いの素材	ナイロン	シワになりにくく、速乾性にすぐれた合成繊維
帆布	船の帆に使われる厚手で丈夫な布で、縫いやすい11号がおすすめ	ポリエステル・コットン	天然素材の風合いと合成繊維の耐久性を兼ね備えた素材

布の部分名称

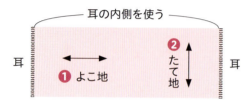

❶よこ地（耳に対して垂直の布目）❷たて地（耳に対して平行の布目で、裁ち図にある布目線のたて地方向に合わせると型崩れが防げる）

布の表・裏の見方
一般的に、耳の穴が突き出ているほうが布表。

布の水通し

❶ 布を水に約1時間浸す。

❷ 手で軽くしぼり、布目をととのえて陰干しする。

❸ 半乾きになったら、裏からアイロンをかける。

布をまっすぐきれいに裁つポイント

※本書の作品は型紙を使わず、直接布の裏に裁ち線の印をつけて裁断する。

❶ 布のたて地に合わせて三角定規をあて、水平に横線を引く。

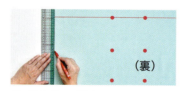

❷ 裁ち図の横幅と長さの寸法を定規で測り、印をつける。

❸ 印を結んで裁ち線を引く。ほかのパーツも同様。

❹ 裁ち線に沿ってまっすぐ裁ち進める。

OK 裁ちバサミの下刃を作業台につけ、布に対して垂直に上刃を下ろす。

NG 布と裁ちバサミを作業台から浮かせたり、刃を傾けたりするとゆがむので注意。

ミシン縫いの基本

ミシンでの縫い方の基本を紹介します。実際に使う布と糸で試し縫いをしてから始めましょう。

家庭用ミシンについて

本書の作品は、家庭用ミシンを使用し、直線縫い、あら縫い、ジグザグ縫いの3種類で作る。両手で布を扱うことができるフットコントローラがあるとミシンがけが安定するのでおすすめ。

ミシン針と糸について

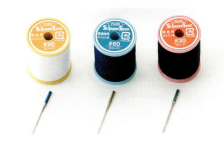

ブロードやナイロンなどの普通地は、針11号と糸60番、帆布やデニムなどの厚地は針14号と糸30番、ガーゼなどの薄地は針9号と糸90番を使う。

直線縫い

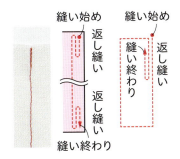

約2mmの目で縫う基本の縫い目。糸がほどけないよう、縫い始めと終わりは約1cm返し縫いする。※図右は1周縫う場合。

あら縫い

ギャザーを縫うときなど、約4mmの目で縫うあら縫い。縫い始めと終わりは返し縫いをせず、糸を長く残す。

縁かがり縫い

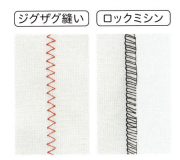

裁断した布端を縁かがり縫いする。ロックミシンがない場合は、家庭用ミシンでジグザグ縫いする。

まっすぐきれいに縫うコツ

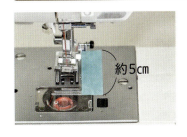

ミシンの針が下りるところから縫い代分はなれたところに、マスキングテープを貼っておくと、まっすぐに縫いやすくなる。

縫い線は体の正面に、左手は押さえ金具の近くで布を、右手は手前で布を軽く押さえる。

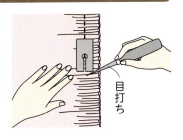

ギャザーや細かな部分を縫うとき、針が進まないときは、目打ちで布を押さえながら縫いすすめる。

手縫いの基本

手縫いで作る場合、4つの縫い方で本書の作品を作ることができます。

並縫い

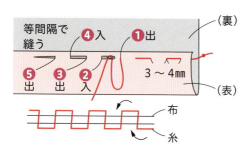

表裏を等間隔の縫い目でまっすぐ縫う、手縫いの基本。二つ折りや三つ折りに用いる。

本返し縫い

ひと針ずつ後ろに戻りながら縫いすすめる。布と布を合わせて縫うときに用いる。

コの字縫い

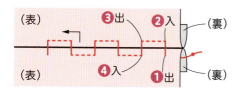

2枚の布の縫い目を隠し、コの字を描くように縫い合わせる。返し口をとじるときなどに用いる。

まつり縫い

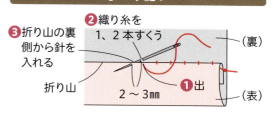

縫い目が表から目立たないので、三つ折りなどに用いる。

 ## バッグ作りのポイント

バッグをきれいに仕上げるために、とくに注意したい作り方のポイントを紹介します。

内袋つきのバッグを縫う

縫い目のラインをそろえ、ズレないように注意して脇を縫う

❶ 外袋の中心に持ち手を合わせて縫う

❷ 外袋と内袋を中表に合わせて、袋口を縫う

❸ 上下の袋口の縫い目を合わせる

❹ 返し口をあけて脇を縫う

バッグを表に返す

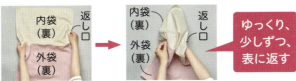

❶ 返し口に手を入れ、反対側の脇をつかんで引っ張る

ゆっくり、少しずつ、表に返す

目打ちを使って角を出す

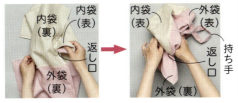

❷ 引っ張った脇を返し口から外に出して、表側に返していく

❸ 表に返したら、アイロンで形をととのえ、内袋を外袋の中に入れる

表がフラットなマチのとりかた

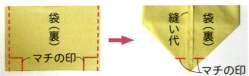

❶ 両脇を縫ってマチの印をつける

❷ 縫い代を中央に、先が三角になるようにたたむ

❸ 印にそって縫い、先端をカットする

表に三角部分出るマチのとりかた

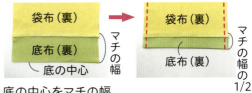

底の中心をマチの幅の1/2内側に折り込み、両脇を縫う

作り方ページの見方

作り方の図の見方をおさえましょう。

基本の表記と記号

単位はcm

布表 ピンク色　布裏 グレー色

⟷ 布のたて地の方向
╌╌ 解説している縫い線
---- 縫い終えた線
•---- 縫い止まり
—・— 中心線
〰〰 縁かがり縫い（ジグザグ縫い・ロックミシン）

 アイロンをかける
 印をつける
〜 長さを省略

裁ち図の見方

【例】P.68 ギャザーバッグ

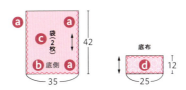

ⓐ 縁かがり縫いする位置
ⓑ 縁かがり縫いの位置に指定がある場合のみ記載
ⓒ 2枚用意する
ⓓ 製図を見やすくするための模様

作り方の図の見方

【例】P52 キルトバッグ たて

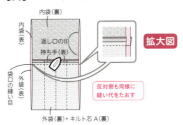

※布を2枚重ねていることがわかるように、図は少しずらして記載。実際はぴったり合わせます。

29

単位はcm
⟷ 布のたて地の方向
----- 解説している縫い線
----- 縫い終えた線
●--- 縫い止まり
—·— 中心線

基本のバッグ たてなが

photo P.4

材料
- ●外袋・持ち手用布
　…裁ち図参照
- ●内袋用布…裁ち図参照

裁ち図 ✂

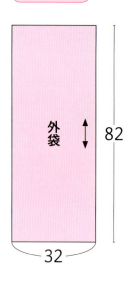

外袋　82　32

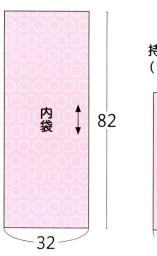

内袋　82　32

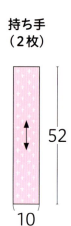

持ち手（2枚）　52　10

基本のバッグ よこなが

photo P.4

材料
- ●外袋・持ち手用布
　…裁ち図参照
- ●内袋用布…裁ち図参照

裁ち図 ✂

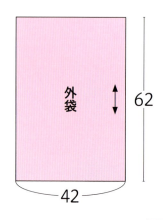

外袋　62　42

内袋　62　42

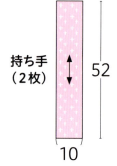

持ち手（2枚）　52　10

作り方 基本のバッグたてなが・よこなが共通

❶持ち手の長辺を中心に合わせて折り、さらに二つ折りにして片側の長辺を縫う

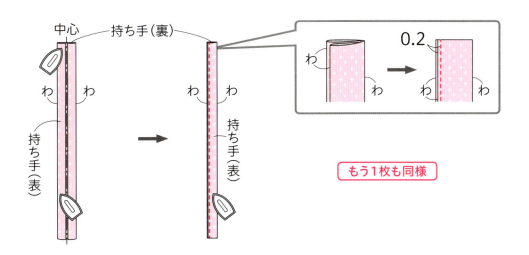

もう1枚も同様

❷外袋の袋口に持ち手を縫いつける

❸外袋と内袋を中表に合わせて、上下辺の袋口を縫う

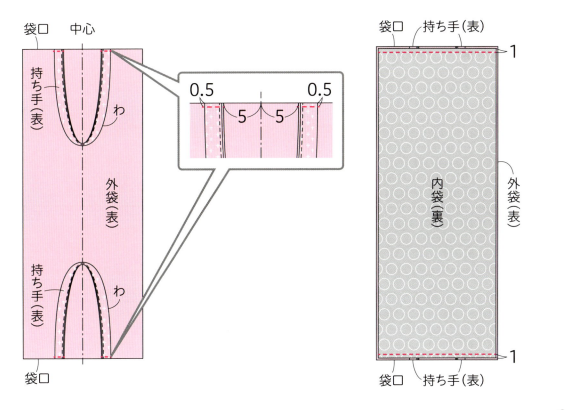

❹上下辺の袋口を縫い目で合わせ、外袋、内袋をそれぞれ中表に合わせてたたみ、袋口の縫い代を内袋側にたおす

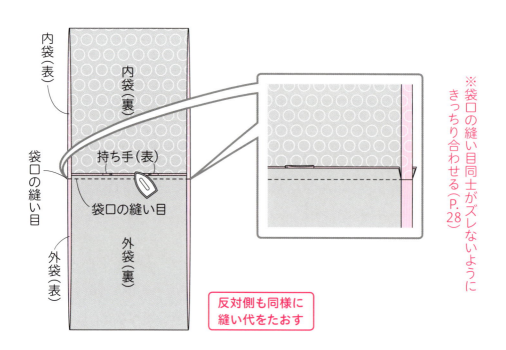

※袋口の縫い目同士がズレないようにきっちり合わせる（P.28）

反対側も同様に縫い代をたおす

❺両脇を縫う（片側は返し口をあける）

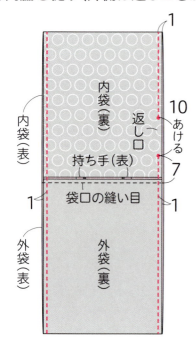

❻両脇の縫い代を割る

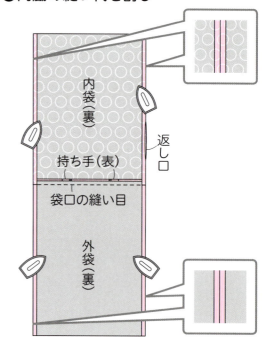

❼返し口から表に返して形をととのえ（P.29）、返し口を縫いとじ、内袋を外袋の中に入れる

※リバーシブルで使用する場合など、内袋の縫い目を隠したいときは、コの字縫い（P.28）でとじる

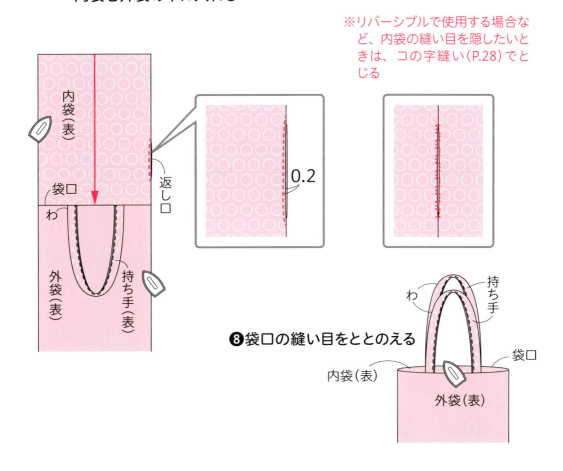

❽袋口の縫い目をととのえる

完成図

単位はcm	----- 縫い終えた線
⟵ 布のたて地の方向	● ---- 縫い止まり
----- 解説している縫い線	—・— 中心線

ベルトバッグ

photo P.5

材料
- 外袋・持ち手 ベルト用布 …裁ち図参照
- 内袋用布…裁ち図参照
- 接着芯（片面アイロン）…裁ち図参照
- 直径 2.2cmの マグネットボタン(P.25)
  凹（−極）…1個
  凸（＋極）…2個

裁ち図 ✂

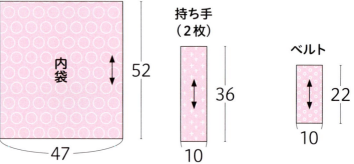

※外袋の裏にアイロンで接着芯を貼る

外袋: 47 × 52
内袋: 47 × 52
持ち手（2枚）: 10 × 36
ベルト: 10 × 22

3 WAY バッグ

photo P.6

材料
- 外袋・持ち手 タブ・肩紐用布 …裁ち図参照
- 内袋・ポケット用布 …裁ち図参照
- 2cm幅用のDカン(P.25) …2個
- 2cm幅用のナスカン(P.25) …2個
- 2cm幅用のアジャスター(P.25) …1個

裁ち図 ✂

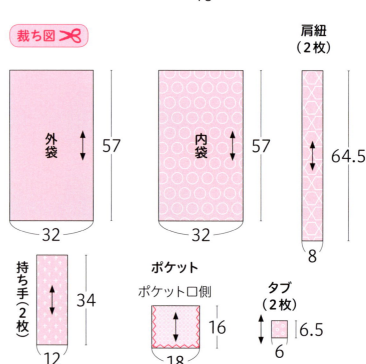

外袋: 32 × 57
内袋: 32 × 57
肩紐（2枚）: 8 × 64.5
持ち手（2枚）: 12 × 34
ポケット（ポケット口側）: 18 × 16
タブ（2枚）: 6 × 6.5

※布を裁ったあとに縁かがり縫い(P.27)をする
（作り方では記号 〜〜〜 を省略）

リバーシブルバッグ

photo P.7

材料
- 外袋・ポケット
  持ち手用布…裁ち図参照
- 内袋用布…裁ち図参照

裁ち図

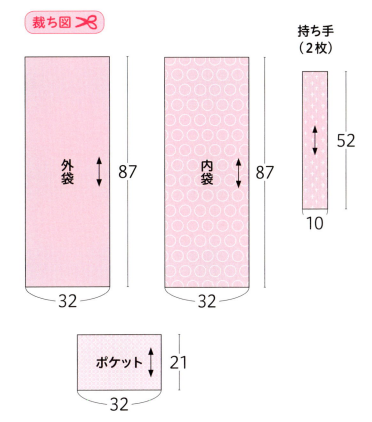

外袋 87 × 32
内袋 87 × 32
持ち手（2枚） 52 × 10
ポケット 21 × 32

作り方　ベルトバッグ、3WAYバッグ、リバーシブルバッグ共通

❶ 持ち手の長辺を中心に合わせて折る

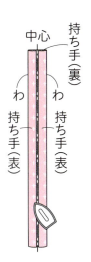

3WAYバッグ／リバーシブルバッグ

❷ さらに二つ折りにして片側の長辺を縫う

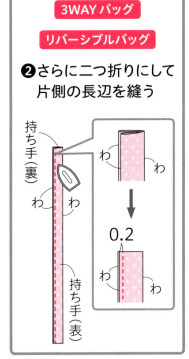

0.2

ベルトバッグ

❷ さらに二つ折りにして左右の長辺を縫う

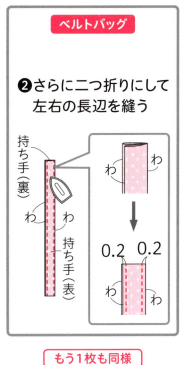

0.2　0.2

もう1枚も同様

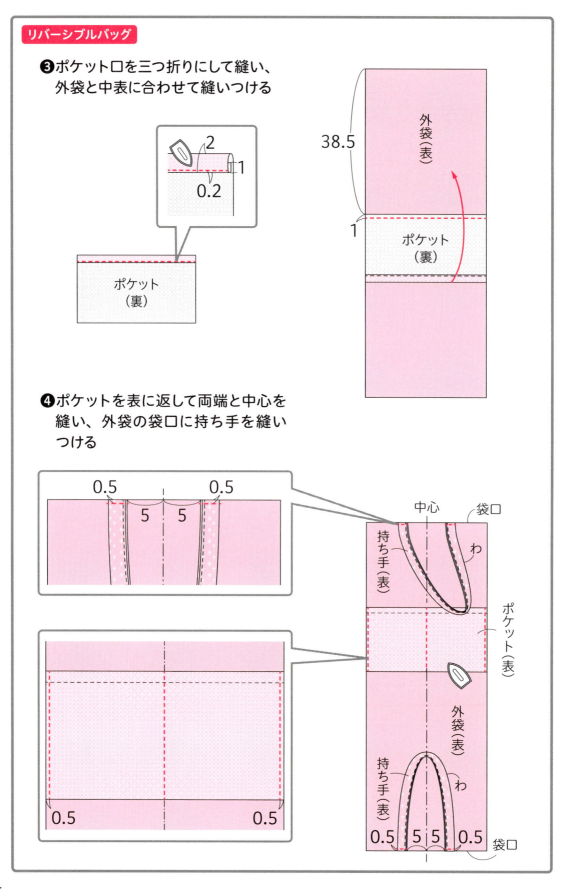

3WAY バッグ

❸ タブを三つ折りにして両端を縫って、Dカンを通して二つ折りにして縫い、持ち手とタブ+Dカンを外袋の袋口に縫いつける

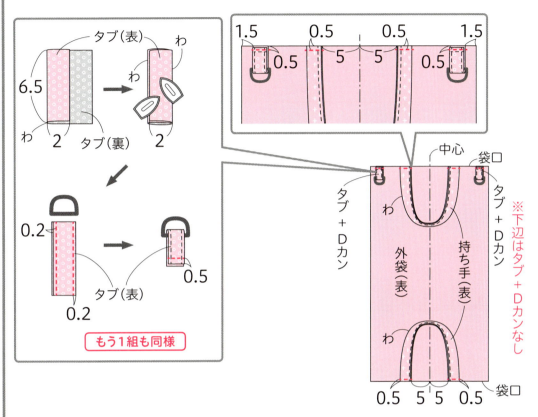

❹ ポケット口側を三つ折りにして縫い、下辺、左右の順に縫い代を折り、内袋に縫いつける

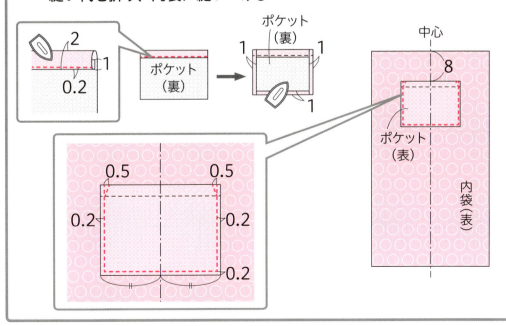

ベルトバッグ

❸ベルトを中表に二つ折りにして長辺を縫い、縫い代を割って下辺を1cm折り上げる。表に返して三辺を縫う

❹持ち手とベルトを外袋の袋口に縫いつける

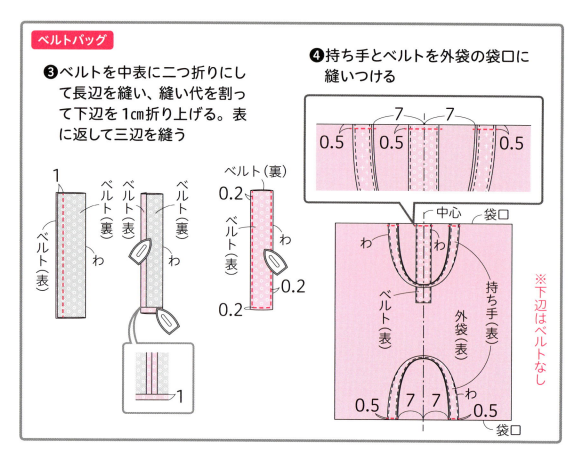

❺外袋と内袋を中表に合わせて、上下辺の袋口を縫う

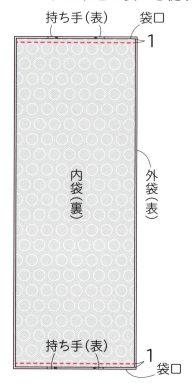

❻上下辺の袋口の縫い目を合わせ、外袋、内袋をそれぞれ中表に合わせてたたみ、袋口の縫い代を内袋側にたおす

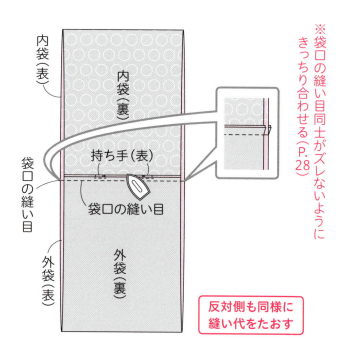

❼両脇を縫い（片側は返し口をあける）、マチの印をつける（P.29）

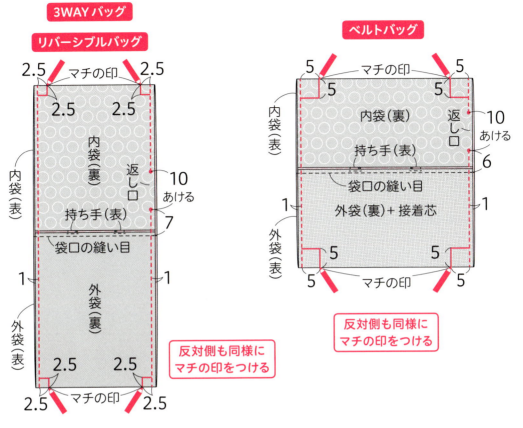

❽両脇の縫い代を割り、外袋と内袋の底にマチを縫い、先端をカットする

❾返し口から表に返して形をととのえ（P.29）、返し口を縫いとじ、内袋を外袋の中に入れる

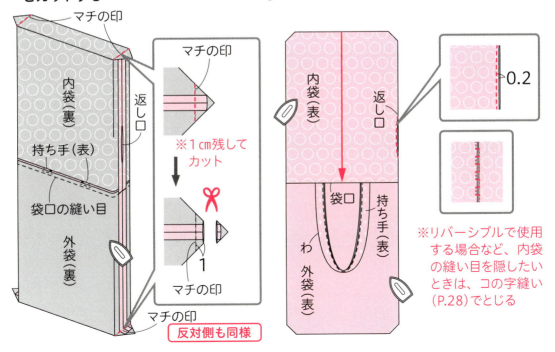

リバーシブルバッグ

❿袋口の縫い目をととのえて縫う

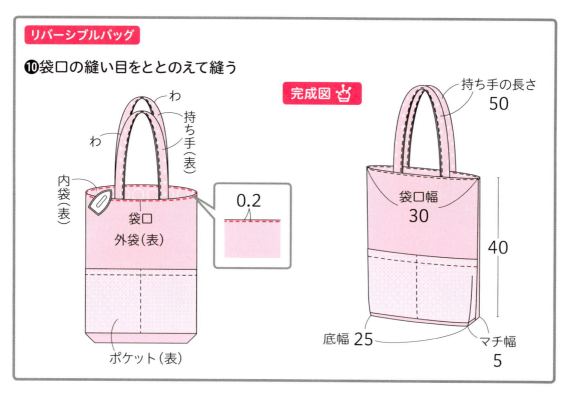

ベルトバッグ

❿袋口の縫い目をととのえて縫い、内袋側とベルトにマグネットボタンを縫いつける

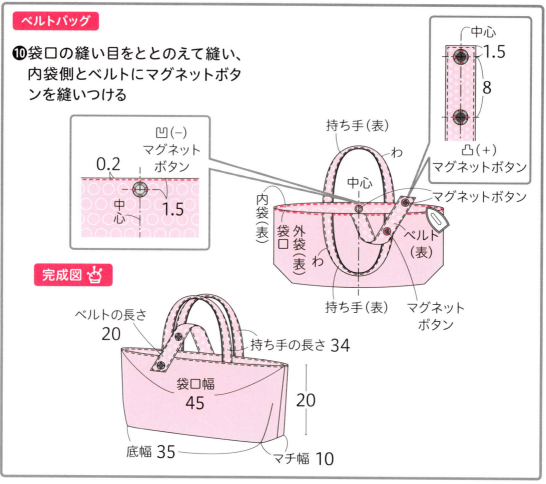

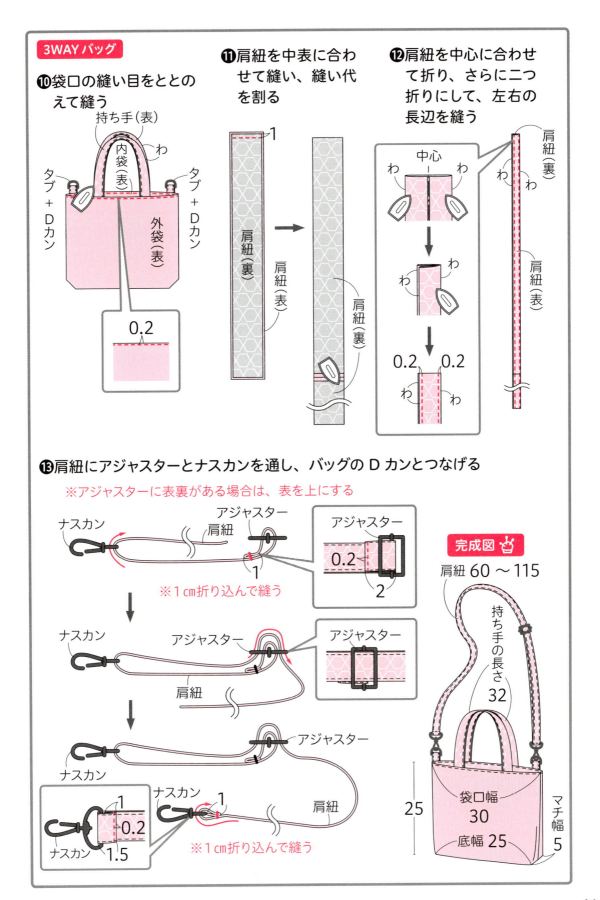

単位はcm
← 布のたて地の方向
----- 解説している縫い線
----- 縫い終えた線
● 縫い止まり
— ・ — 中心線

きんちゃくバッグ

photo P.8

材料
- ●外袋用布…裁ち図参照
- ●内袋用布…裁ち図参照
- ●きんちゃく布用布…裁ち図参照
- ●3.8cm幅の平紐（P.25・PPテープ）…36cm×2本
- ●直径0.5cmの丸紐（アクリルコード）…75cm×2本

裁ち図 ✂

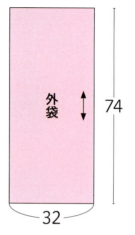

外袋 ↕ 74
32

内袋 ↕ 74
32

きんちゃく布（2枚）

紐通し側 ↕ 25.5
32

※布を裁ったあとに縁かがり縫い（P.27）をする（作り方では記号 〜〜〜 を省略）

作り方

❶ 外袋の袋口に平紐を縫いつける

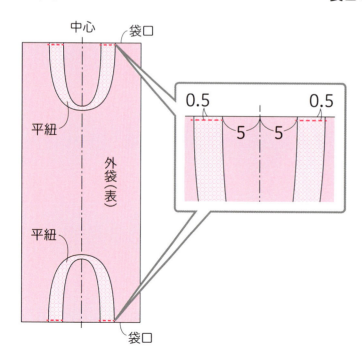

中心　袋口　0.5　0.5　5　5　平紐　外袋（表）　平紐　袋口

❷ 外袋と内袋を中表に合わせて、袋口を縫う

袋口　平紐　1　内袋（裏）　外袋（表）　1　袋口　平紐

❸袋口の縫い目を合わせ、外袋、内袋をそれぞれ中表に合わせてたたみ、袋口の縫い代を内袋側にたおす

❹両脇を縫い（片側は返し口をあける）、マチの印をつける（P.29）

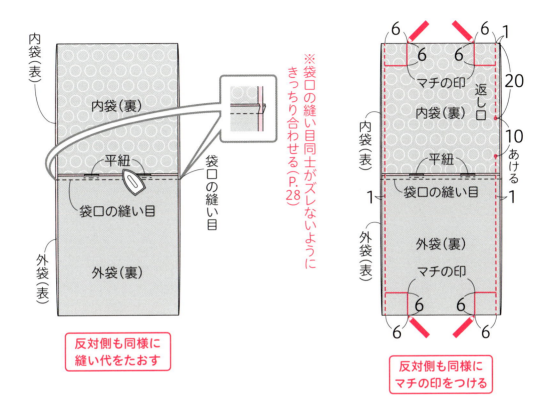

❺両脇の縫い代を割り、外袋と内袋の底にマチを縫い、先端をカットする

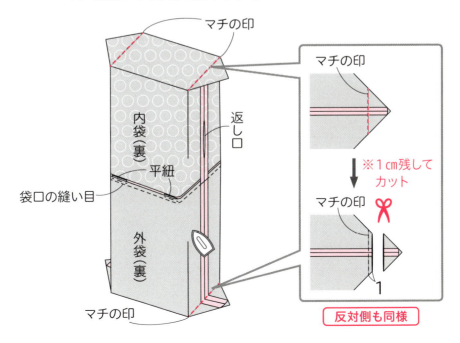

❻返し口から表に返して形をととのえ（P.29）、返し口を縫いとじ、内袋を外袋の中に入れ、袋口の縫い目をととのえる

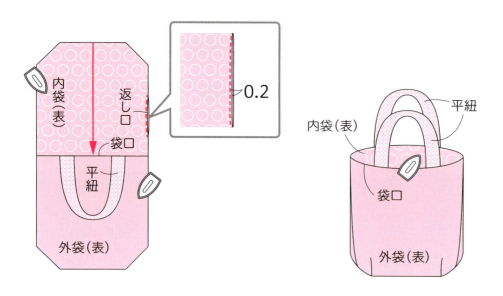

❼きんちゃく布を中表に合わせ、紐通し口をあけて両脇を縫う

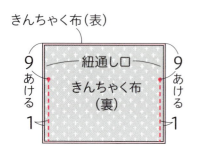

❽縫い代を割り、紐通し口を縫う

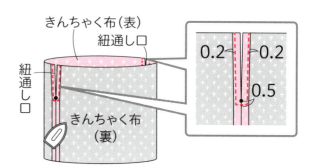

❾紐通し口を三つ折りにして縫う

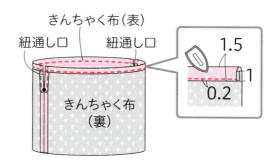

❿ きんちゃく布を表に返して、下辺を折りあげる

⓫ 内袋の袋口に印をつけ、きんちゃく布の下辺を印に合わせる

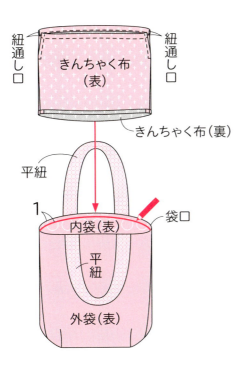

⓬ 袋口を縫い、左右の紐通し口から丸紐を1周通す

※外袋ときんちゃく布の脇の縫い線を合わせて縫う

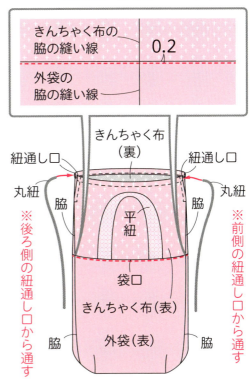

⓭ 丸紐の先を結んで、きんちゃくをしぼり、リボン結びする

完成図

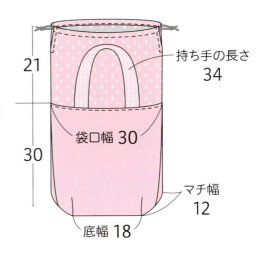

単位はcm
←→ 布のたて地の方向
----- 解説している縫い線
----- 縫い終えた線
● 縫い止まり
—・— 中心線

キルトバッグ よこ

photo P.9

材料
- 外袋・持ち手用布
  …裁ち図参照
- 内袋用布…裁ち図参照
- キルト芯(P.25)
  …裁ち図参照

裁ち図 ✂

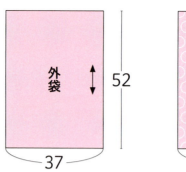

外袋 52 / 37

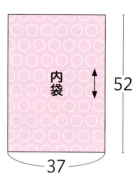

内袋 52 / 37

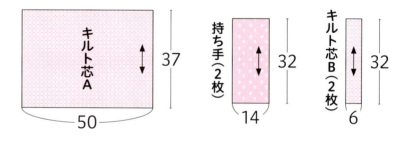

キルト芯A 37 / 50　　持ち手(2枚) 32 / 14　　キルト芯B(2枚) 32 / 6

作り方

❶持ち手を二つ折りにして、返し口をあけて縫い、返し口から表に返す

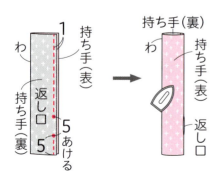

もう1枚も同様

❷返し口をコの字縫い(P.28)でとじ、ステッチの印をつける

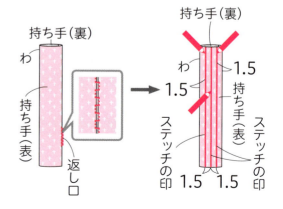

もう1枚も同様

❸キルト芯Bを持ち手の中に入れ、ステッチの印を縫う

❹外袋の表側にステッチの印をつけ、裏側にキルト芯Aをしつけ糸で仮縫いする

❺外袋のステッチの印を縫う

※ステッチを縫ったあと、外袋からはみ出たキルト芯をカットする

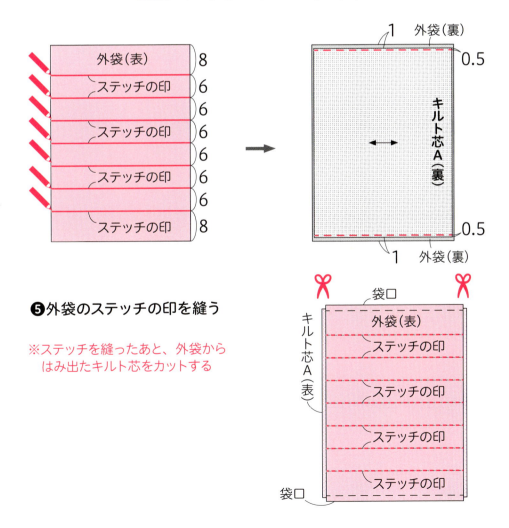

❻外袋の袋口に持ち手を縫いつける

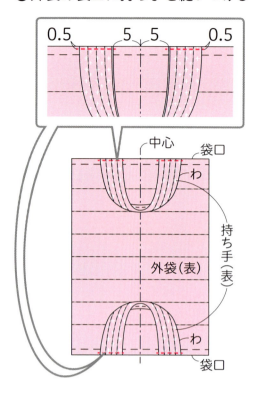

❼外袋と内袋を中表に合わせて上下辺の袋口を縫い、返し口の印をつけ、キルト芯Aのしつけ糸を外す

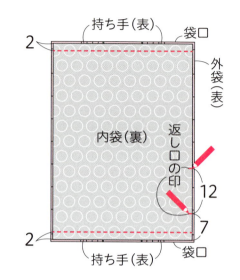

❽袋口の縫い目を合わせ、外袋、内袋をそれぞれ中表に合わせてたたみ、袋口の縫い代を内袋側にたおす

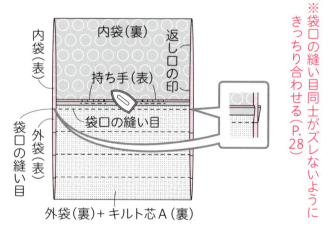

※アイロンをかけるときは、キルト芯が熱でとけないように、当て布をする

反対側も同様に縫い代をたおす

❾両脇を縫い(片側は返し口をあける)、マチの印をつける (P.29)

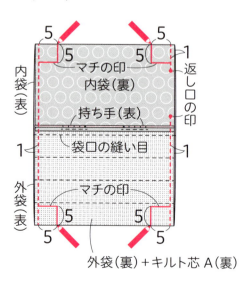

反対側も同様にマチの印をつける

❿両脇の縫い代を割り、外袋と内袋の底にマチを縫い、内袋のマチのみ先端をカットする

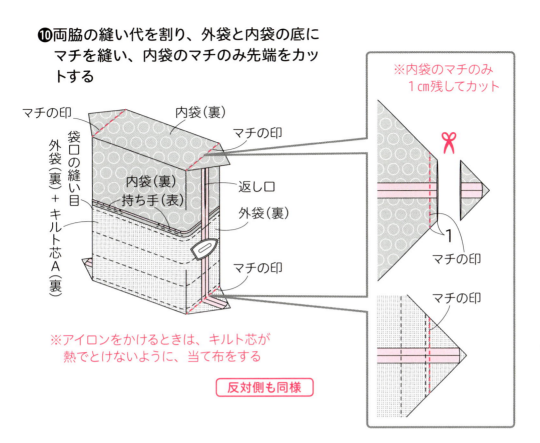

※アイロンをかけるときは、キルト芯が熱でとけないように、当て布をする

反対側も同様

⓫返し口から表に返して形をととのえ（P.29）、返し口を縫いとじ、内袋を外袋の中に入れる

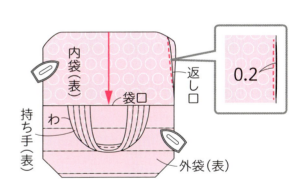

⓬袋口の縫い目をととのえる

完成図

49

単位はcm
⟷ 布のたて地の方向
----- 解説している縫い線
----- 縫い終えた線
● 縫い止まり
—・— 中心線

キルトバッグ たて

photo P.9

材料
- 外袋用布
  …裁ち図参照
- 内袋・持ち手用布
  …裁ち図参照
- キルト芯（P.25）
  …裁ち図参照

裁ち図 ✂

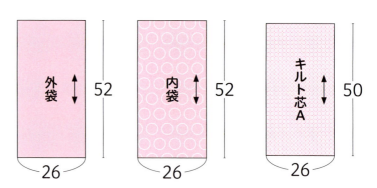

外袋 52 × 26
内袋 52 × 26
キルト芯A 50 × 26
持ち手（2枚）61 × 8
キルト芯B（2枚）61 × 6

作り方

❶ 持ち手を二つ折りにして、返し口をあけて縫い、返し口から表に返す

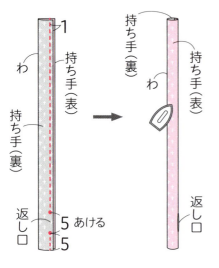

1
わ
持ち手（表）
持ち手（裏）
返し口
5 あける
5

もう1枚も同様

❷ 返し口をコの字縫い（P.28）でとじ、キルト芯Bを二つ折りにして、持ち手の中に入れる

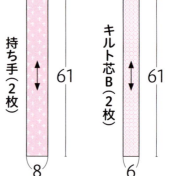

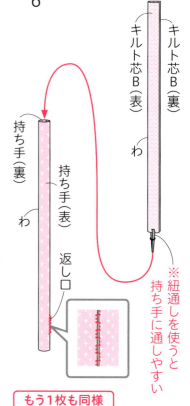

キルト芯B（表）
キルト芯B（裏）
わ
持ち手（裏）
持ち手（表）
返し口

※紐通しを使うと持ち手に通しやすい

もう1枚も同様

❸外袋の表側にステッチの印をつけ、裏側にキルト芯Aをしつけ糸で仮縫いする

❹外袋のステッチの印を縫う

※ステッチを縫ったあと、外袋からはみ出たキルト芯をカットする

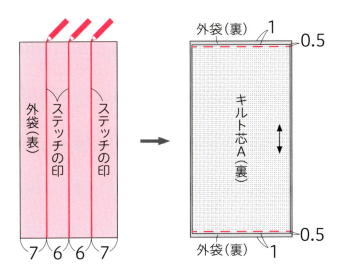
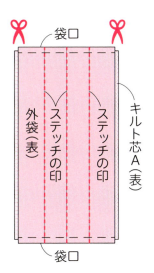

❺外袋の袋口に持ち手を縫いつける

❻外袋と内袋を中表に合わせて袋口を縫い、返し口の印をつけ、キルト芯Aのしつけ糸を外す

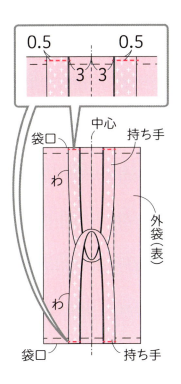
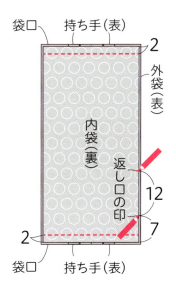

❼袋口の縫い目を合わせ、外袋、内袋をそれぞれ中表にたたみ、袋口の縫い代を内袋側にたおす

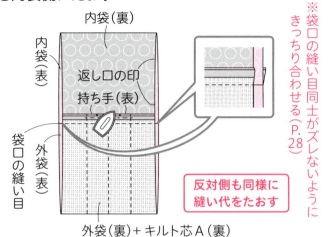

※袋口の縫い目同士がズレないようにきっちり合わせる（P.28）

反対側も同様に縫い代をたおす

※アイロンをかけるときは、キルト芯が熱でとけないように、当て布をする

❽両脇を縫う
（片側は返し口をあける）

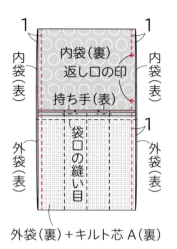

❾両脇の縫い代を割る

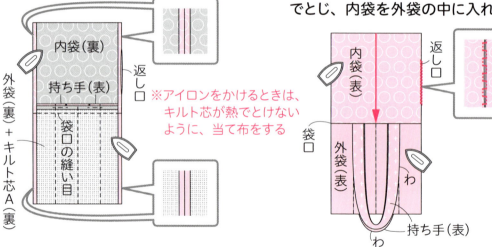

※アイロンをかけるときは、キルト芯が熱でとけないように、当て布をする

❿返し口から表に返して形をととのえ（P.29）、返し口をコの字縫い（P.28）でとじ、内袋を外袋の中に入れる

⓫袋口の縫い目をととのえる

完成図

持ち手の長さ 57

24

24

単位はcm
← 布のたて地の方向
- - - - - 解説している縫い線
- - - - - 縫い終えた線
● 縫い止まり
— - — 中心線

ワンハンドルポーチ

photo P.11

材料
- 上布・底布用布
  …裁ち図参照
- 中布・持ち手用布
  …裁ち図参照
- 内袋用布
  …裁ち図参照

裁ち図

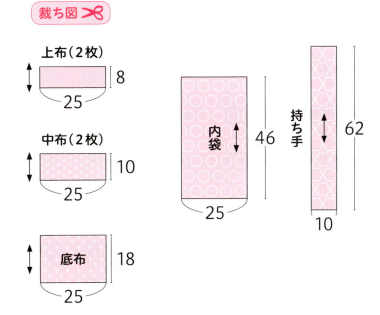

上布(2枚) 8 / 25
中布(2枚) 10 / 25
底布 18 / 25
内袋 46 / 25
持ち手 62 / 10

作り方

❶ 持ち手の上下辺を折り、長辺を中心に合わせて折る。さらに中心で二つ折りにして、左右の長辺を縫う

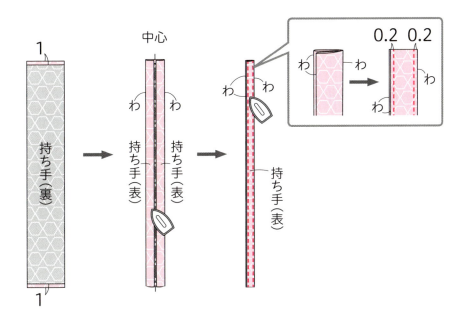

❷上布と中布を中表に合わせて縫い、ひらいて底布と中表に合わせて縫う

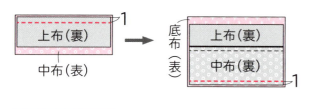

❸もう1組も同様に、ひらいて底布と中表に合わせて縫う

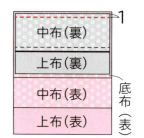

❹縫い代を割る

❺上布＋中布＋底布と内袋を中表に合わせて、袋口を縫う

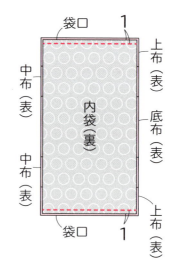

❻袋口の縫い目を合わせ、上布＋中布＋底布、内袋をそれぞれ中表に合わせてたたみ、袋口の縫い代を内袋側にたおす

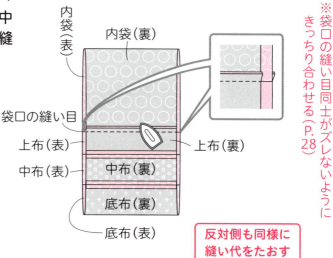

※袋口の縫い目同士がズレないようにきっちり合わせる（P.28）

❼両脇を縫い（片側は返し口を
あける）、マチの印をつける（P.29）

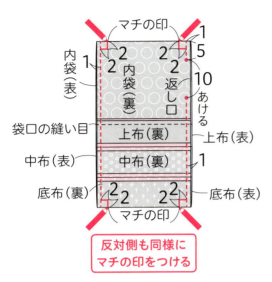

❽両脇の縫い代を割り、外袋と内袋の
底にマチを縫い、先端をカットする

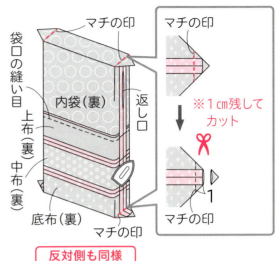

❾返し口から表に返して形をととのえ
（P.29）、返し口を縫いとじ、内袋を
上布＋中布＋底布の中に入れる

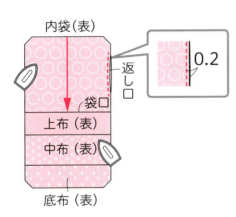

❿袋口をととのえて縫う

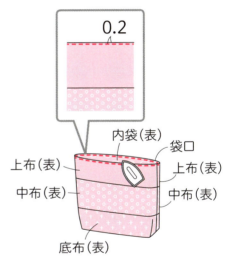

⓫袋口の両脇に持ち手の中心を
合わせ、縫いつける

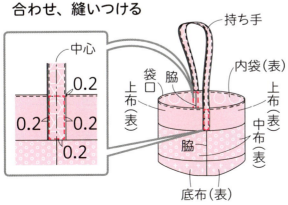

完成図

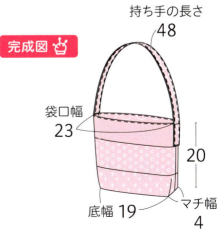

単位はcm
←→ 布のたて地の方向
----- 解説している縫い線
----- 縫い終えた線
●---- 縫い止まり
—・— 中心線

ワンハンドルバッグ

photo P.10

材料
- 外袋A用布…裁ち図参照
- 外袋B用布…裁ち図参照
- 内袋用布…裁ち図参照
- 6cm幅の平紐(P.25・幅広デザインテープ)…60cm

裁ち図

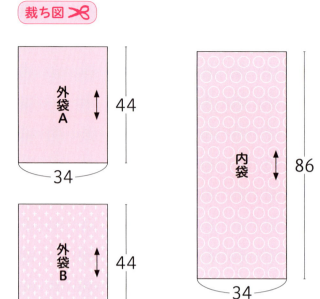

外袋A 44 × 34
外袋B 44 × 34
内袋 86 × 34

ボトルバッグ

photo P.11

材料
- 外袋A用布…裁ち図参照
- 外袋B用布…裁ち図参照
- 内袋用布…裁ち図参照
- 4.5cm幅の平紐（P.25・コットンテープ）…33cm

裁ち図

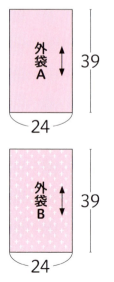

外袋A 39 × 24
外袋B 39 × 24
内袋 76 × 24

| 作り方 | ワンハンドルバッグ・ボトルバッグ共通 |

❶外袋Aと外袋Bを中表に合わせて縫い、ひらいて縫い代を割る

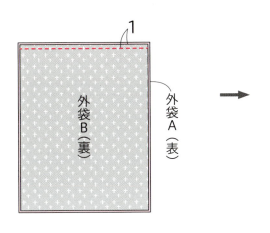

❷外袋A+Bと内袋を中表に合わせて、袋口を縫う

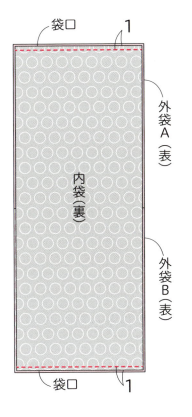

❸袋口の縫い目を合わせ、外袋A+B、内袋をそれぞれ中表に合わせてたたみ、袋口の縫い代を内袋側にたおし、外袋の下辺の縫い代を割る

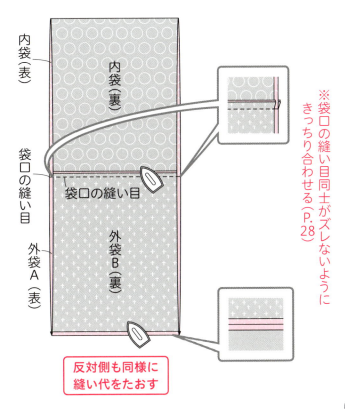

※袋口の縫い目同士がズレないようにきっちり合わせる(P.28)

反対側も同様に縫い代をたおす

❹両脇を縫い（片側は返し口をあける）、マチの印をつける（P.29）

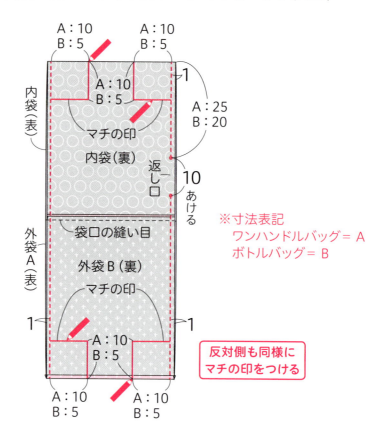

❺両脇の縫い代を割り、外袋と内袋の底にマチを縫い、先端をカットする

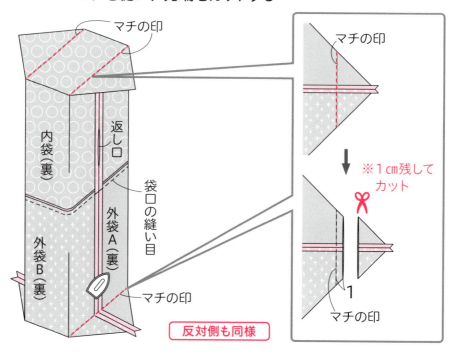

作り方 ワンハンドルバッグ・ボトルバッグ共通

❶外袋Aと外袋Bを中表に合わせて縫い、ひらいて縫い代を割る

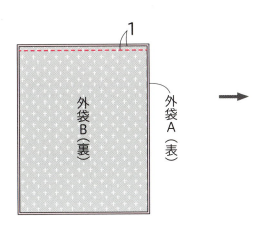

❷外袋A+Bと内袋を中表に合わせて、袋口を縫う

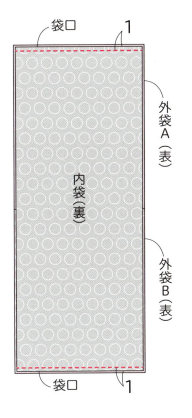

❸袋口の縫い目を合わせ、外袋A+B、内袋をそれぞれ中表に合わせてたたみ、袋口の縫い代を内袋側にたおし、外袋の下辺の縫い代を割る

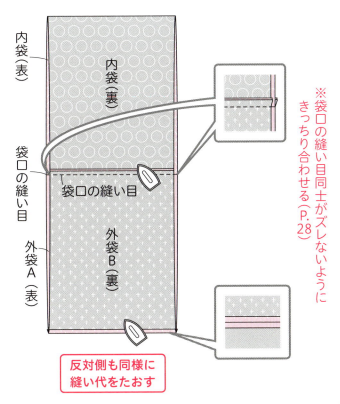

※袋口の縫い目同士がズレないようにきっちり合わせる（P.28）

反対側も同様に縫い代をたおす

❹両脇を縫い（片側は返し口をあける）、マチの印をつける（P.29）

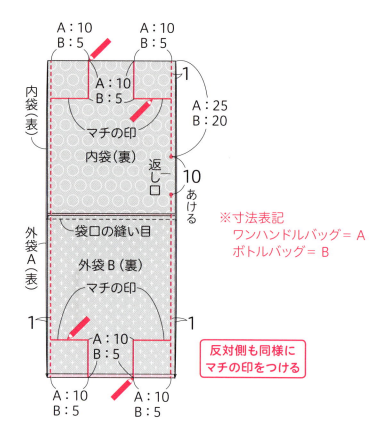

❺両脇の縫い代を割り、外袋と内袋の底にマチを縫い、先端をカットする

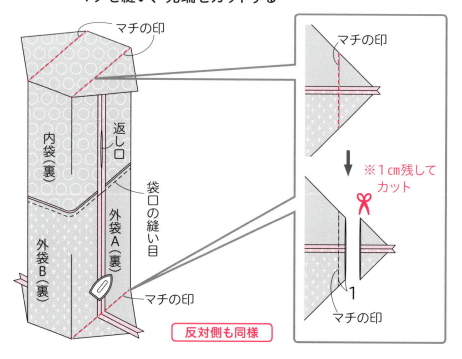

❻返し口から表に返して形をととのえ(P.29)、返し口を縫いとじ、内袋を外袋の中に入れる

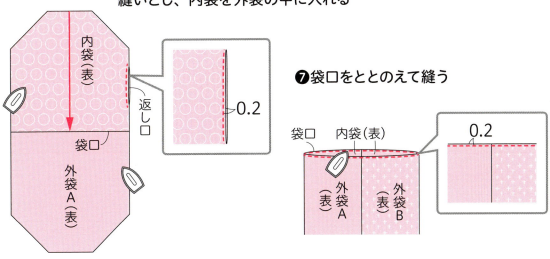

❼袋口をととのえて縫う

❽平紐の両端を折って、袋口の両脇に縫いつける

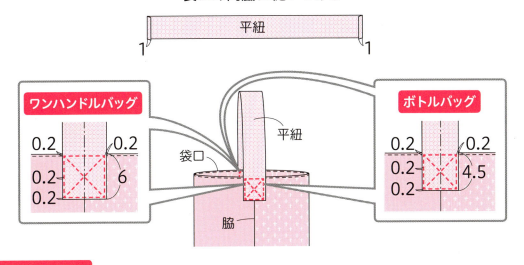

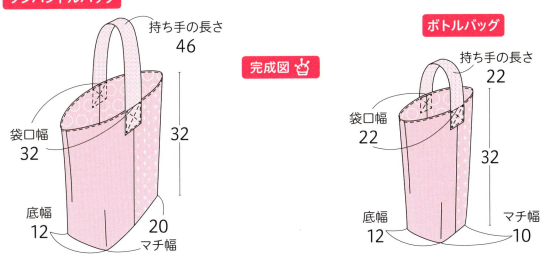

単位はcm
← 布のたて地の方向
---- 解説している縫い線
----- 縫い終えた線
●---- 縫い止まり
—・— 中心線

ファスナーポシェット

photo P.12

裁ち図 ✂

外袋（2枚）　17 / 25

内袋（2枚）　17 / 25

タブ（2枚）　4.5 / 6

材料
- 外袋・タブ用布…裁ち図参照
- 内袋用布…裁ち図参照
- 長さ22cmのファスナー（P.25・金具タイプ）…1本
- 1.5cm幅用のDカン（P.25）…2個
- 1cm幅のショルダーベルト…1本 ●飾り用タッセル…1個

ファスナーポーチ

photo P.13

裁ち図 ✂

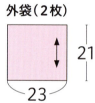
外袋（2枚）　21 / 23

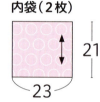
内袋（2枚）　21 / 23

材料
- 外袋用布…裁ち図参照
- 内袋用布…裁ち図参照
- 長さ20cmのファスナー（P.25・金具タイプ）…1本

作り方　ファスナーポシェット・ファスナーポーチ共通

【ファスナーの各部名称】

テープ：ファスナーのベースになる布
ポーチのファスナー長さ：20
ポシェットのファスナー長さ：22
上止め
下止め
スライダー：開閉するときに、エレメントをかみ合わせるパーツ
エレメント：かみ合わせる歯の部分

ファスナーを縫うときは、ミシン針の片側のみを押さえる金具（片押さえ金）に替えると、スライダーやエレメントに当たらずスムーズに縫える。金具がない場合は手で本返し縫い（P.28）をする

❶ ファスナーの両端を三角に折って縫いとめる

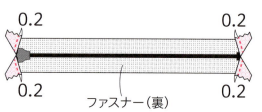

0.2　0.2
0.2　0.2
ファスナー（裏）

❷ファスナーと外袋を中心で中表に合わせてマチ針でとめ、ファスナーの上に内袋を重ねて縫う

※内袋と外袋の間にファスナーをはさむ

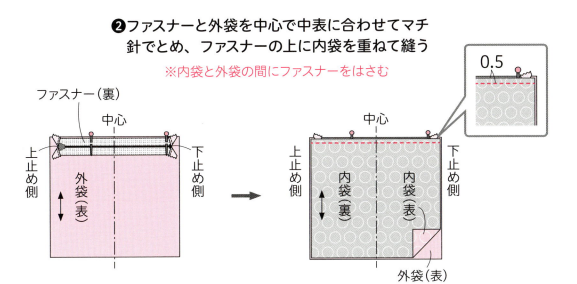

❸外袋側に返して縫い代をたおし、内袋をひらいて表に返す

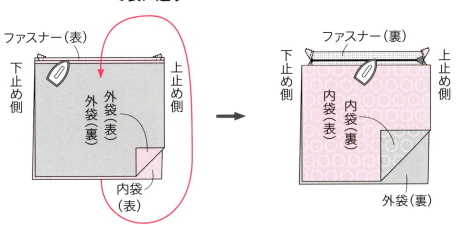

❹ファスナーの反対側にも同様に、外袋を中心で中表に合わせてマチ針でとめ、ファスナーの上に内袋を重ねて縫う

※内袋と外袋の間にファスナーをはさむ

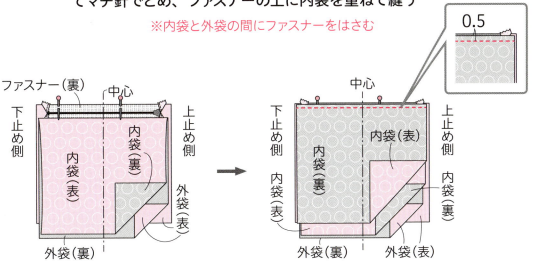

❺外袋側に返して縫い代をたおし、外袋をひらいて、ファスナーの縫い合わせ部分をととのえる

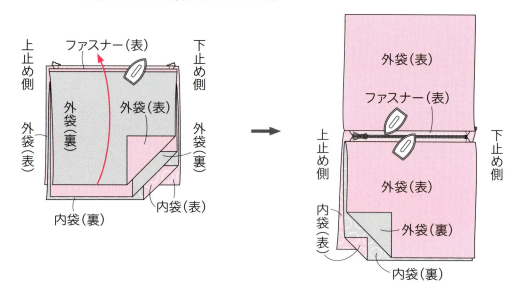

❻ファスナーの縫い合わせ部分を押さえ縫いする

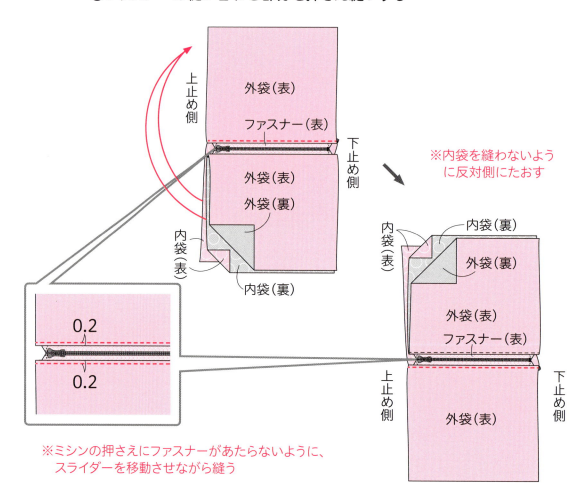

※内袋を縫わないように反対側にたおす

※ミシンの押さえにファスナーがあたらないように、スライダーを移動させながら縫う

ファスナーポシェット

❼ タブを3等分に折り、上下辺を縫ってDカンに通して二つ折りにして縫い、外袋の両脇に縫いつける

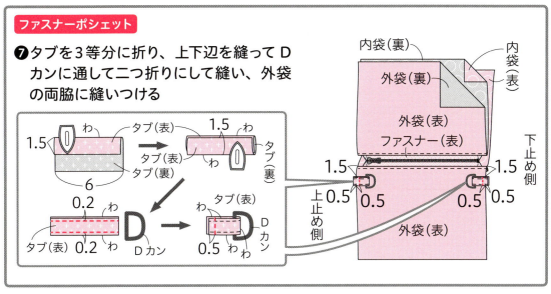

❽ 外袋、内袋をそれぞれ中表に合わせ、ファスナーの縫い代を外袋側、エレメントを内袋側にたおす

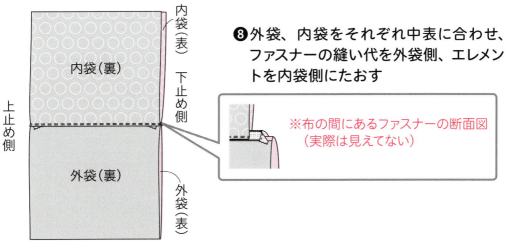

※布の間にあるファスナーの断面図
（実際は見えてない）

❾ ファスナーがズレないように、ファスナー口の両端を縫う

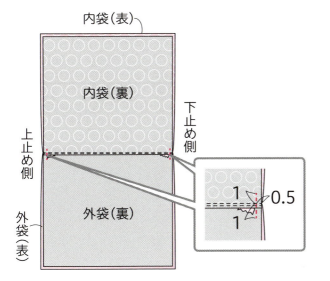

❿ 返し口をあけて外袋と内袋を縫い合わせる

※ファスナーをあけて縫う

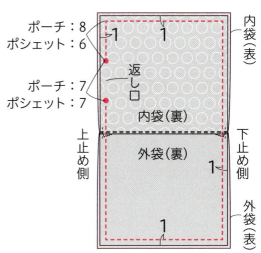

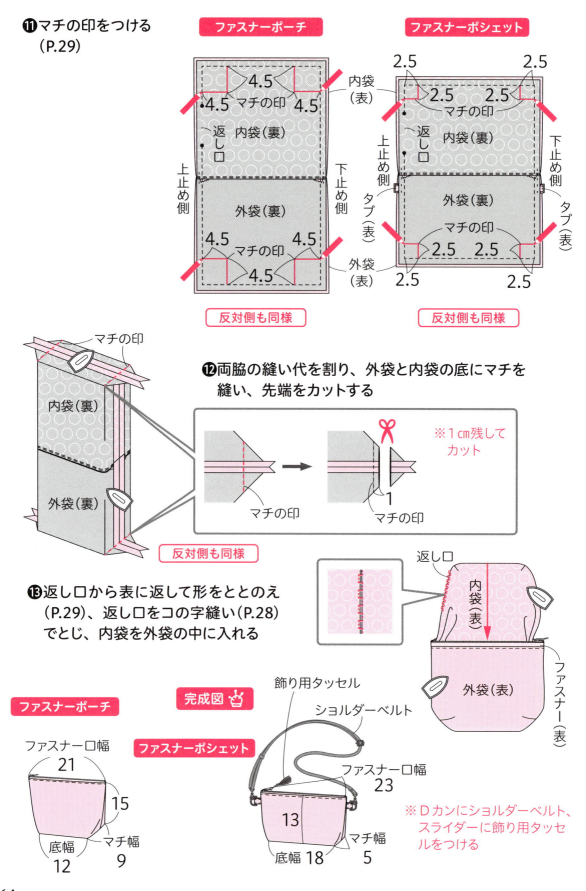

単位は cm
← 布のたて地の方向
------ 解説している縫い線
----- 縫い終えた線
●---- 縫い止まり
―・― 中心線

サコッシュ

photo P.13

裁ち図 ✂

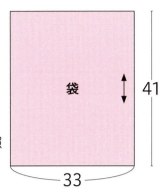

袋 41 × 33

タブ（2枚） 4.5 × 1.5

材料

- ●袋・タブ用布（ラミネート加工）…裁ち図参照
- ●長さ 30cm のファスナー（P.25・ビスロンタイプ）…1本
- ●直径 0.6cm の丸紐（ナイロンコード）…140cm
- ●直径 0.6cm の丸紐用の2つ穴コードストッパー（P.25）…1個
- ● 0.3cm幅のしつけテープ（P.25）…適宜

※布帛を使用する場合は、すべての辺に縁かがり縫いをする（ラミネート加工の布は不要）

※ラミネート加工の布はアイロンはせず、手で形をととのえながら作る

作り方

❶ ファスナーの両端を三角に折って縫いとめる

※ファスナーの各部名称は P.60 参照

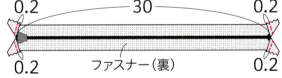

0.2 / 30 / 0.2 / 0.2 / ファスナー（裏） / 0.2

ファスナーを縫うときは、片押さえ金具に替えて縫う（P.60）

❷ ファスナーと袋を中心で中表に合わせて縫う

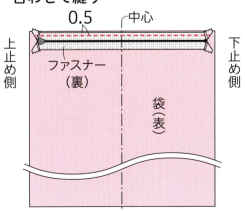

0.5 / 中心 / ファスナー（裏） / 袋（表） / 上止め側 / 下止め側

❸ ファスナーを表に返し、縫い合わせ部分を押さえ縫いする

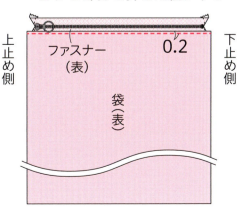

ファスナー（表） / 0.2 / 袋（表） / 上止め側 / 下止め側

※ミシンの押さえにファスナーがあたらないように、スライダーを移動させながら縫う

❹タブの裏にしつけテープ(P.25)を貼って二つ折りにし、袋の両脇に縫いつけ、袋の下辺をファスナーに合わせる

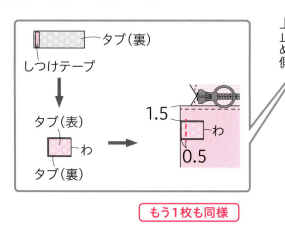

❺ファスナーと袋を中心で中表に合わせて縫う

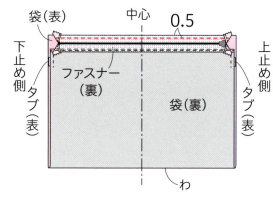

※ミシンの押さえにファスナーがあたらないように、スライダーを移動させながら縫う

❻袋を表に返し、ファスナーの縫い合わせ部分を押さえ縫いする

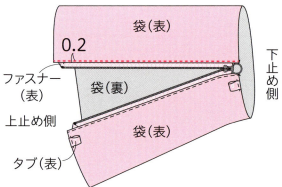

❼袋を裏に返し、ファスナーのエレメントを外側にたおして両脇を縫う

※ファスナーのエレメントがズレないように注意して縫う

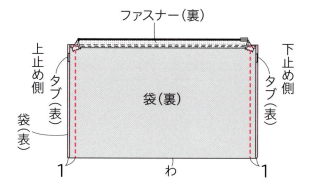

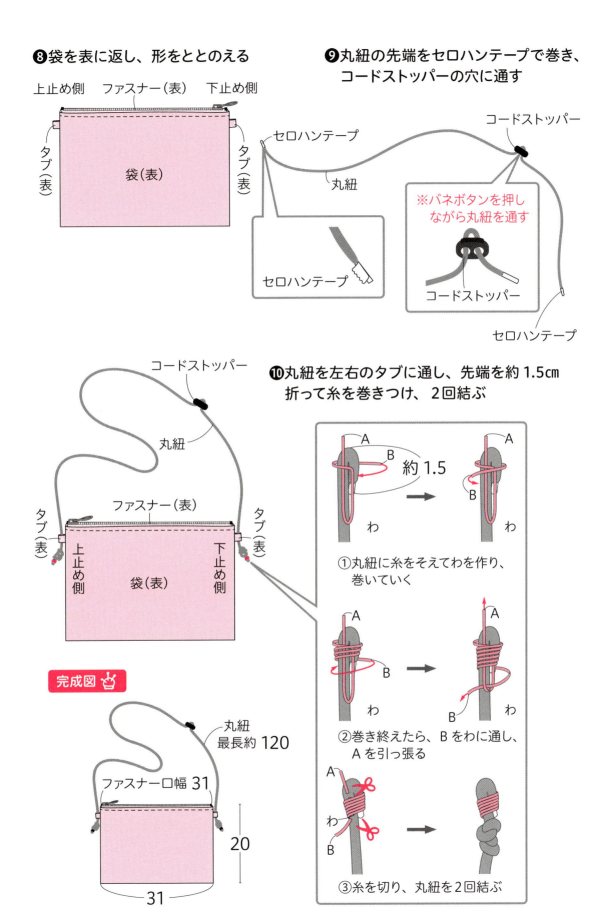

単位はcm
⟵⟶ 布のたて地の方向
------ 解説している縫い線
------ 縫い終えた線
●---- 縫い止まり
—・— 中心線

ギャザーバッグ

photo P.18

材料
- 袋・底布用布…裁ち図参照
- 3cm幅の平紐（P.25・PPテープ）
  …68cm×2本

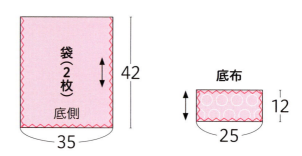

裁ち図 ✂

袋（2枚） 42 × 35　底側
底布 12 × 25

※布を裁ったあとに縁かがり縫い（P.27）をする
（作り方では記号 〜〜〜 を省略）

ギャザーポシェット

photo P.19

材料
- 袋・底布
  肩紐用布…裁ち図参照
- チュールレース
  …裁ち図参照
- 0.8cm幅の平ゴム…34cm

裁ち図 ✂

袋（2枚） 30×30 底側
チュールレース（2枚） 30×30
底布 10×20
肩紐（2枚） 72×8

※布を裁ったあとに縁かがり縫い（P.27）をする
（作り方では記号 〜〜〜 を省略）

※袋の表側にチュールレースを重ね、4辺を縫い合わせておく

※チュールレースにアイロンをかけるときは、当て布をする

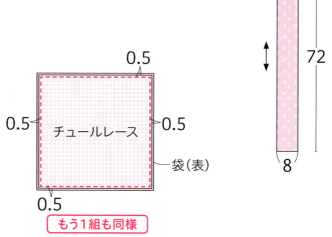

0.5
0.5　チュールレース　0.5
袋（表）
0.5
もう1組も同様

作り方 ギャザーバッグ・ギャザーポシェット共通

❶袋の底側にギャザー用のあら縫い（P.27）をする

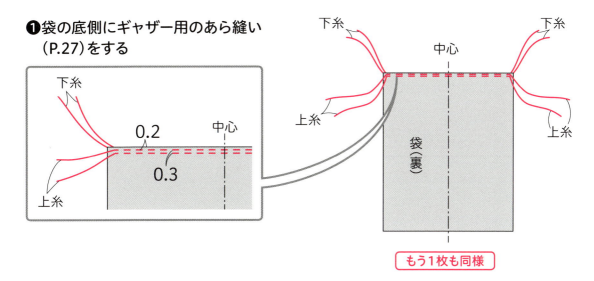

❷中心から左右片側ずつ上糸2本を一緒にひっぱり、ギャザーを均等によせ、底布の幅に合わせる

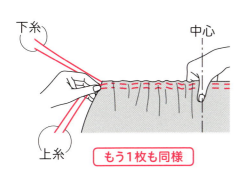

❸上糸と下糸をそれぞれ固結びして糸を切り、アイロンでととのえる

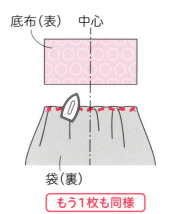

❹袋と底布を中表に合わせ、袋側を上にして縫い合わせ、もう1枚の袋も同様に縫い合わせる

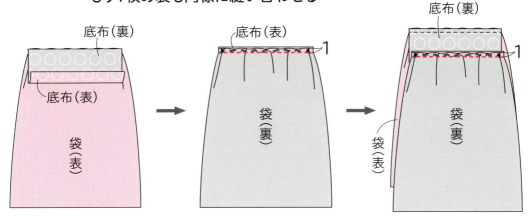

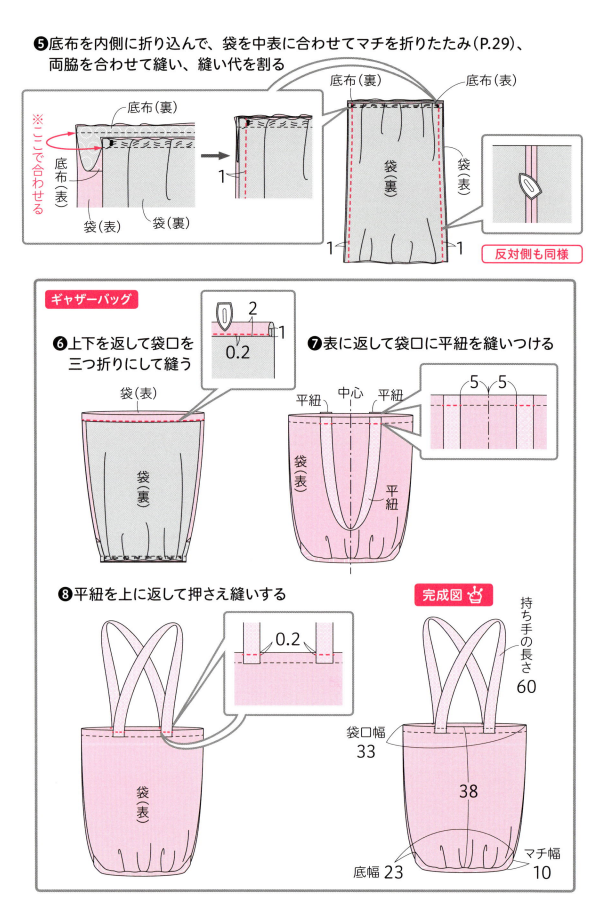

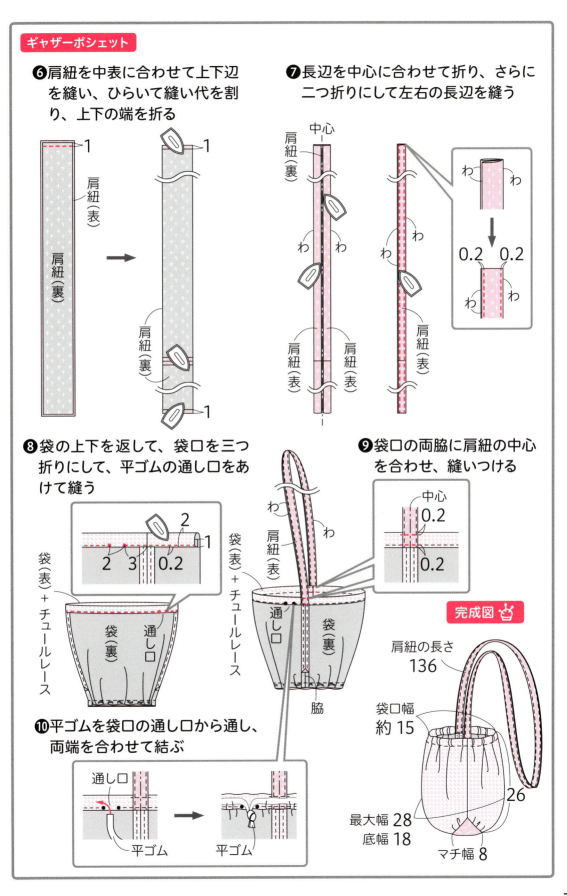

2WAY リュック

photo P.16

材料
- 上布・底布・肩紐 角カン用タブ・持ち手 ・コード用タブ用布 …裁ち図参照
- 内袋・ポケット用布 …裁ち図参照
- 2.5cm幅の平紐 （P.25・コットンテープ） …125cm×2本
- 3cm幅用の角カン（P.25） …2個
- 直径0.3cmの丸紐用の 2つ穴コードストッパー （P.25）…2個
- 直径0.3cmの丸紐 …35cm×2本
- 直径2cmのスナップボタン …1組

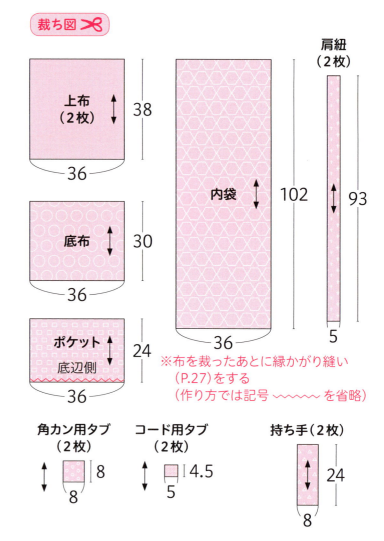

❸肩紐の上辺を折り、平紐の端を肩紐の上辺の折り返しの上に重ねて左右の長辺を折り、平紐を肩紐の端で折って表に返す

❹平紐＋肩紐の左右の長辺を縫い、表に返して袋口つけ位置の印Aをつける

❺上布Bに肩紐つけ位置の印Bをつける

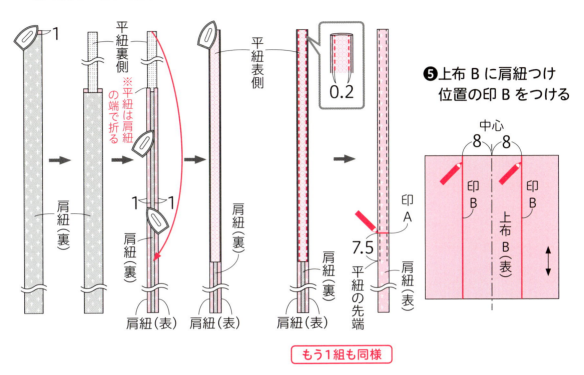

❻肩紐の印Aを上布Bの袋口に合わせ、上布Bの印Bに肩紐の内側をそわせて縫いつける

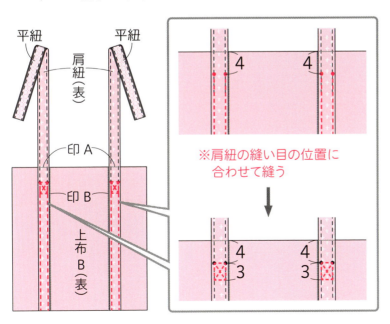

❼上布Bと底布を中表に合わせて縫う

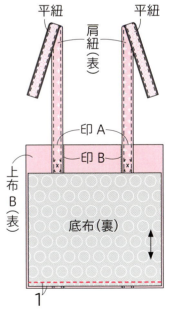

❽ 上布 B + 底布に上布 A を中表に合わせて縫う

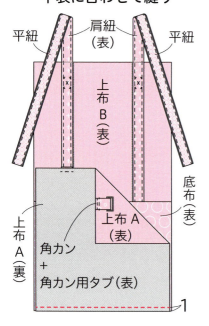

❾ 縫い代を底布側にたおし、表側から押さえ縫いする

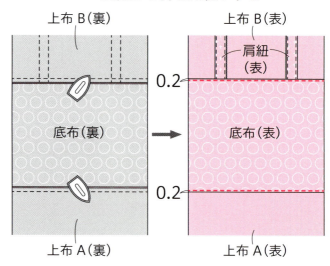

❿ 持ち手の長辺を中心に合わせて折り、さらに二つ折りにして、左右の長辺を縫う

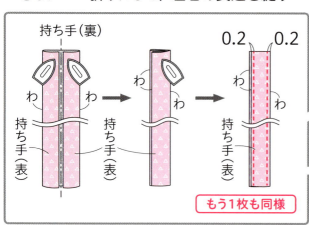

⓫ コード用タブを3等分に折り、上下辺を縫って、二つ折りにして縫う

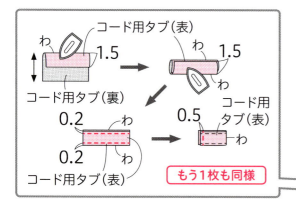

⓬ 上布 A・B の袋口に持ち手、上布 A の両脇にコード用タブを縫いつける

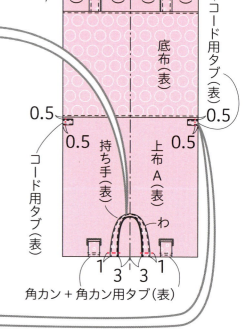

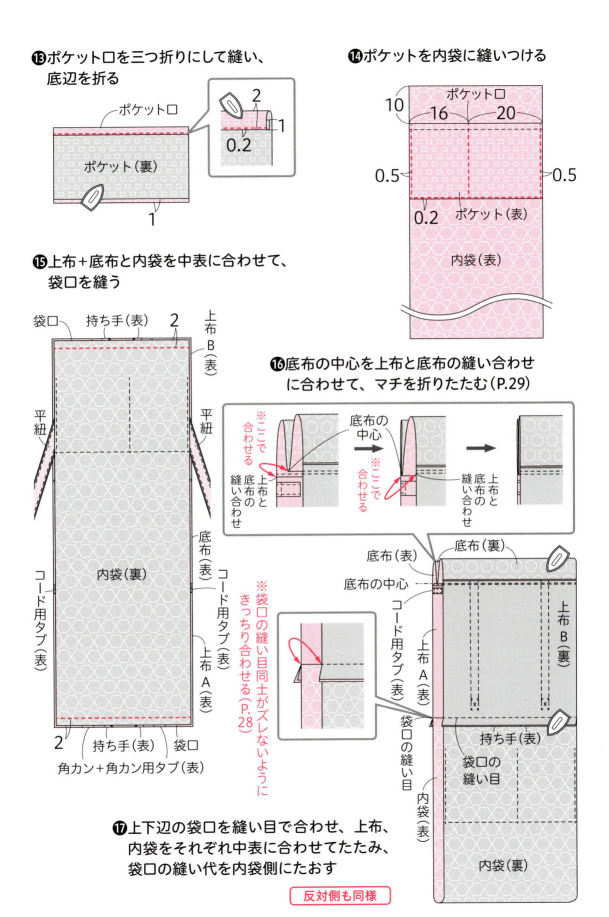

⓲両脇を縫う
（片側は返し口をあける）

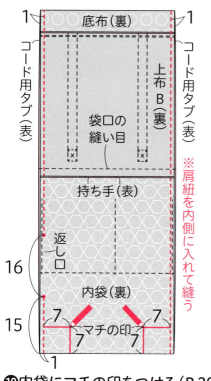

⓳内袋にマチの印をつける（P.29）
反対側も同様

⓴両脇の縫い代を割り、
内袋の底にマチを縫い、
先端をカットする

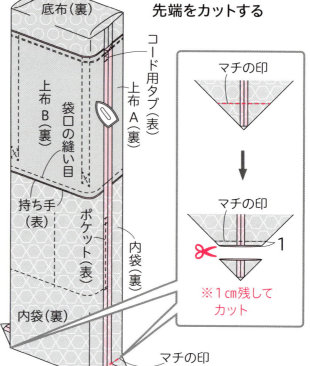

㉑返し口から表に返して形をととのえ（P.29）、
返し口を縫いとじ、内袋を上布の中に入れる

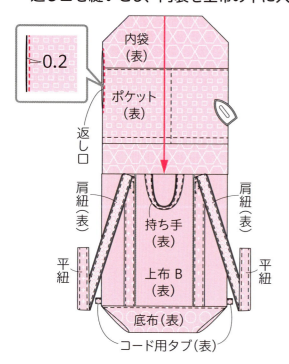

㉒袋口をととのえて縫い、
肩紐を角カンに通す

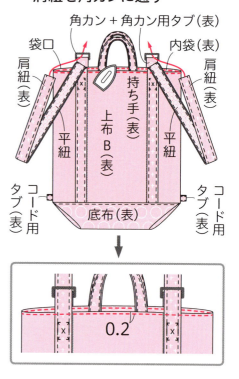

㉓袋口にスナップボタンを縫いつける

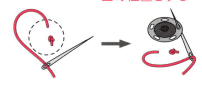

スナップボタンのつけ方

※凸を縫いつけたあと、凸を凹側の布に押した跡にペンで印をつけ、凹の位置とする

❶つけ位置の中心 から少しはずして、1針すくい、縫い針をボタンの穴に通す

❷布を1針すくい、糸の輪に針を下から通す 工程を3〜5回繰り返し、次の穴に移動する

❸すべての穴に❷を繰り返し、縫い終わりの穴 のきわに玉どめをして、ボタンの下に糸を入れて切る

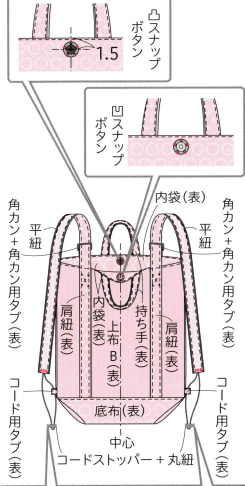

完成図

持ち手の長さ 20
肩紐の長さ 54
袋口幅 34
42
35
底幅 20
7
マチ幅 14

㉔丸紐をコードストッパー、コード用タブに通し、肩紐のあき口に1cm入れ込んで、縫いとめる

単位は㎝
⇔ 布のたて地の方向
----- 解説している縫い線
----- 縫い終えた線
●---- 縫い止まり
―‐― 中心線

ラージトート

photo P.15

材料
- 上布・ポケット・持ち手用布…裁ち図参照
- 底布用布…裁ち図参照
- 2.5㎝幅の平紐（P.25・コットンテープ）…113㎝×2本
- 1.2㎝幅のふちどりタイプのバイアステープ（アイロン接着）…適宜

裁ち図 ✂

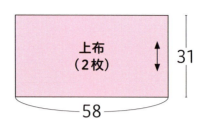
上布（2枚） 31 / 58

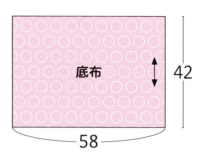
底布 42 / 58

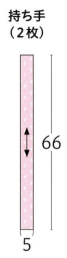
持ち手（2枚） 66 / 5

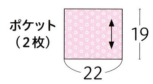
ポケット（2枚） 19 / 22

ミニトート

photo P.15

材料
- 上布用布…裁ち図参照
- 底布・持ち手用布…裁ち図参照
- 2㎝幅の平紐（P.25・コットンテープ）…31㎝×2本
- 1.2㎝幅のふちどりタイプのバイアステープ（アイロン接着）…適宜

裁ち図 ✂

上布（2枚） 18 / 27

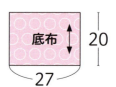
底布 20 / 27

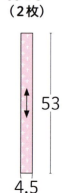
持ち手（2枚） 53 / 4.5

作り方 ラージトート・ミニトート共通

❶ 持ち手の左右の長辺を折って、持ち手と平紐の長辺・短辺の中心を合わせて縫い、袋口つけ位置に印Aをつける

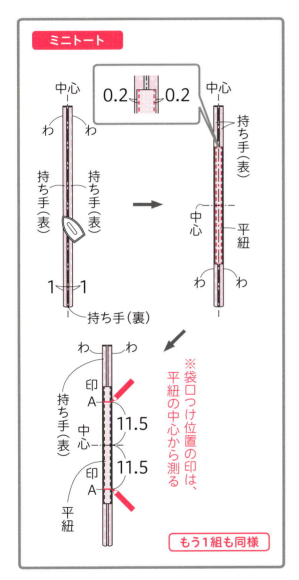

❷ 上布の袋口を三つ折りにして縫う

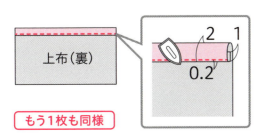

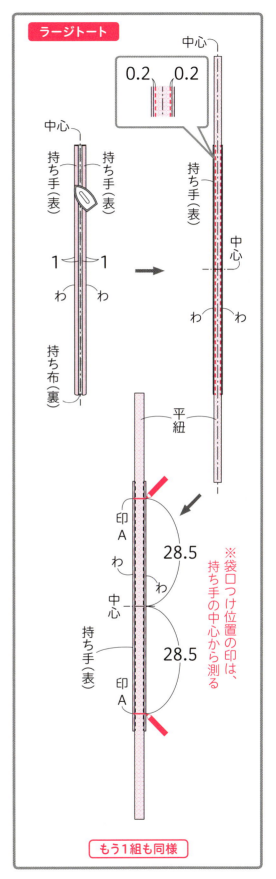

ラージトート

❸ポケット口を三つ折りにして縫い、上布に縫いつけ、持ち手つけ位置に印Bをつける

❹持ち手の印Aを袋口に合わせ、上布の印Bに持ち手内側をそわせて縫いつける

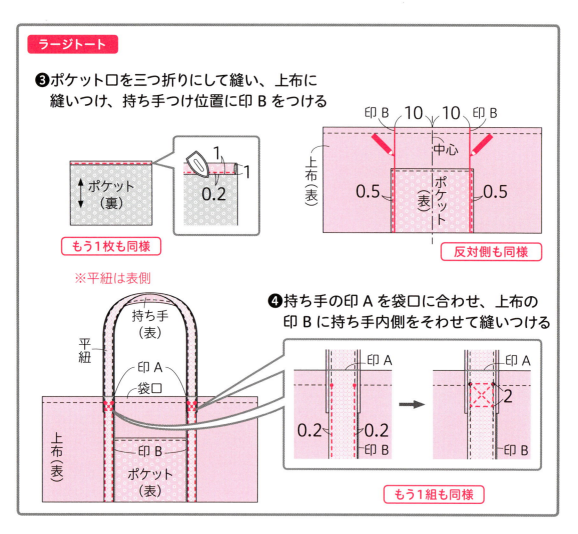

ミニトート

❸上布の持ち手つけ位置に印Bをつける

❹持ち手の印Aを袋口に合わせ、上布の印Bに持ち手の内側をそわせて縫いつける

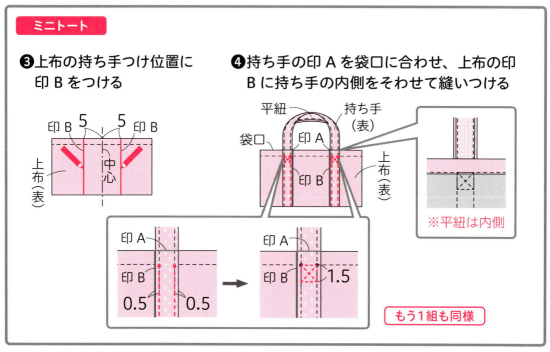

❺上布と底布を中表に合わせて縫い、縫い代を2枚一緒に縁かがり縫い（P.27）し、底布をひらいて、反対側も同様に縫う

❻縫い代を底布側にたおす

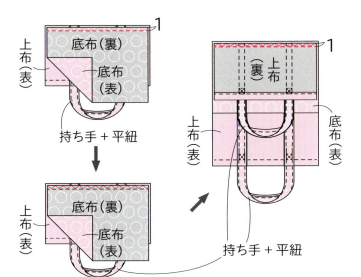
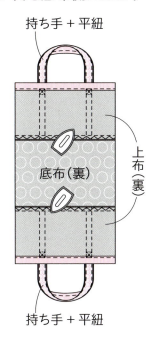

❼底布を表から押さえ縫いする

❽底布の中心を上布と底布の縫い合わせに合わせて、マチを折りたたむ（P.29）

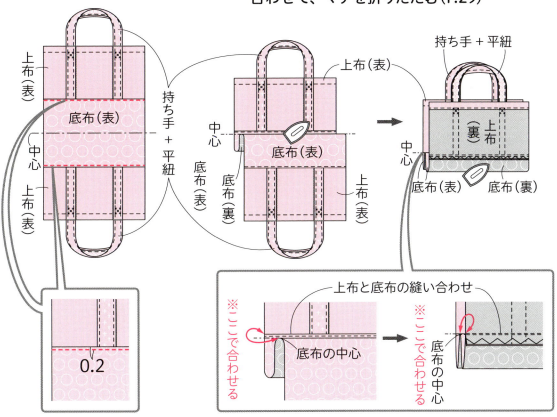

❾ 両脇を縫う

❿ バイアステープをひらき、上下辺を裏側に折って、左右を折る。バッグの両脇の縫い代をくるみ、アイロンで貼りつける

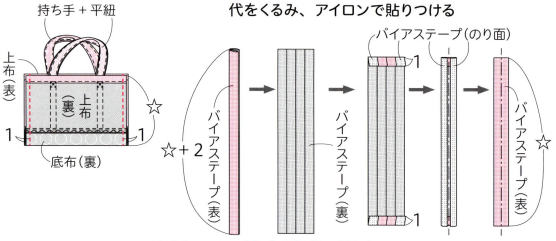

※バイアステープはバッグの脇の長さ☆＋2㎝

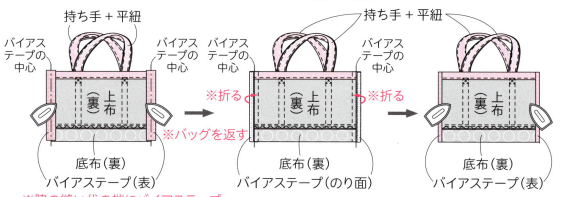

※脇の縫い代の端にバイアステープの中心を合わせる

⓫ 表に返して形をととのえる

完成図

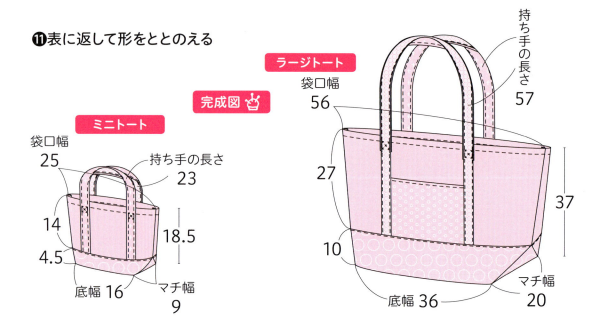

単位はcm
⟷ 布のたて地の方向
----- 解説している縫い線
----- 縫い終えた線
●---- 縫い止まり
—・— 中心線

レジャーバッグ

photo P.20

材料
- ●袋用レジャーシート
  …裁ち図参照
- ● 3cm幅の平紐（P.25・PP テープ）
  …63cm × 2本

裁ち図

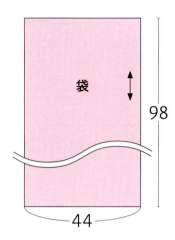

袋　98　44

レジャーポーチ

photo P.21

材料
- ●袋・ボトルホルダー用
  レジャーシート…裁ち図参照
- ● 3cm幅の平紐（P.25・PP テープ）
  …24cm × 2本

裁ち図

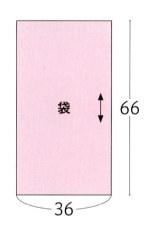

袋　66　36

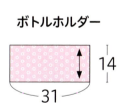

ボトルホルダー　14　31

作り方　レジャーバッグ・レジャーポーチ共通

❶袋口を三つ折りにして縫う

※レジャーシートは
アイロンはかけず、
手で形をととのえ
ながら作る

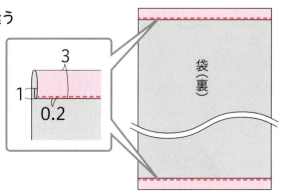

3 / 1 / 0.2 / 袋（裏）

83

レジャーポーチ

❷ボトルホルダーの上下の長辺を三つ折りにして縫う。二つ折りにして縫い、袋に縫いつける

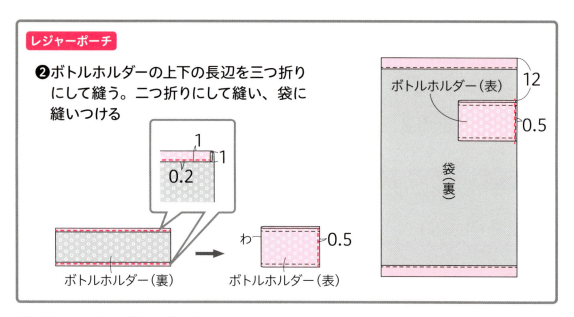

❸平紐の両端を折り、袋口に縫いつける

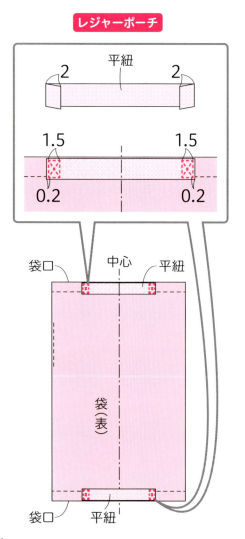

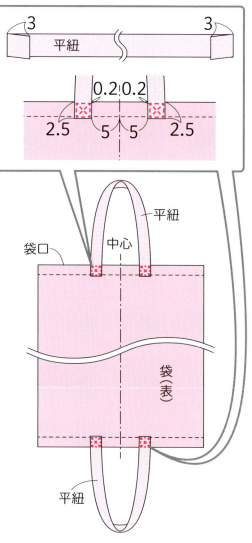

❹外表に二つ折りにし、両端を縫う

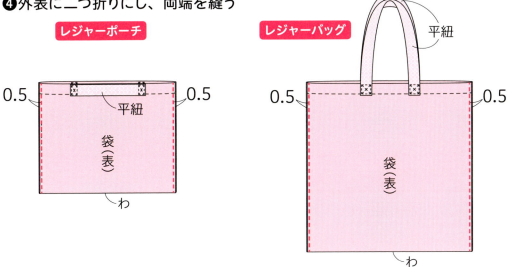

❺裏に返してマチの折り返しの印をつけ、内側に折り込んで両端を縫い、表に返して形をととのえる（P.29）

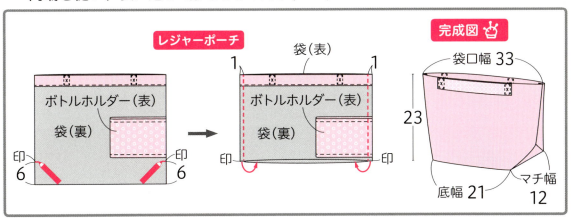

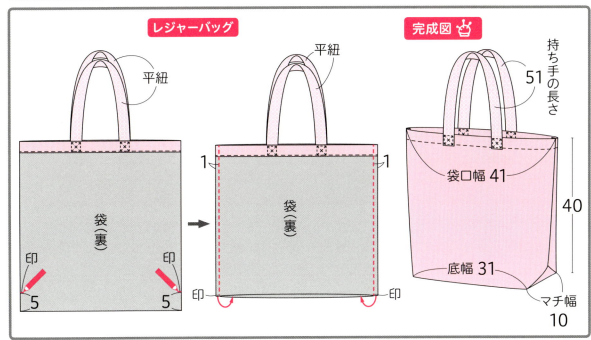

	単位はcm	----- 縫い終えた線
	←→ 布のたて地の方向	● 縫い止まり
	----- 解説している縫い線	—・— 中心線

バッグインバッグ

photo P.21

材料
- 袋・内ポケット・外ポケット用布
  …裁ち図参照
- 幅2cm平紐(P.25・PPテープ)
  …19cm × 2本

裁ち図

袋 33 × 56

内ポケット(2枚) 33 × 19

外ポケット(2枚) 33 × 18.5

作り方

❶ 袋口を三つ折りにして縫う

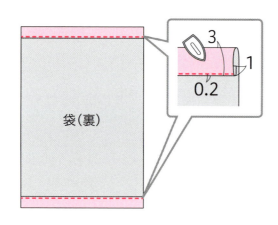

❷ 内ポケット口、外ポケット口を三つ折りにして縫う

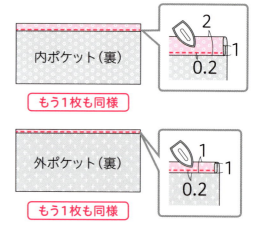

もう1枚も同様

❸ 袋の裏に内ポケットの表側を合わせて縫いつけ、ポケットを表に返す。もう1枚も同様に縫いつけ、表に返す

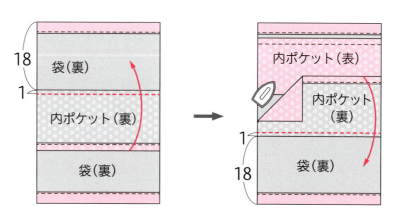

86

❹内ポケットの両端と仕切りを縫う

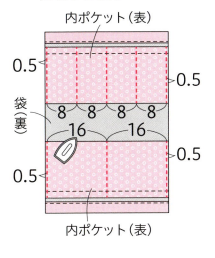

❺袋を表に返し、外ポケットの下辺を内ポケットの底の縫い目で、中表に合わせて縫いつけ、ポケットを表に返す。もう1枚も同様に縫いつけ、表に返す

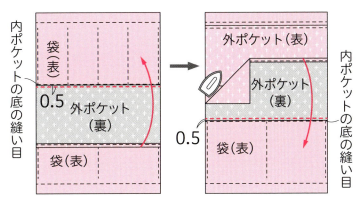

❻外ポケットの両端を縫い、平紐の両端を折り、袋口の中心に合わせて縫いつける

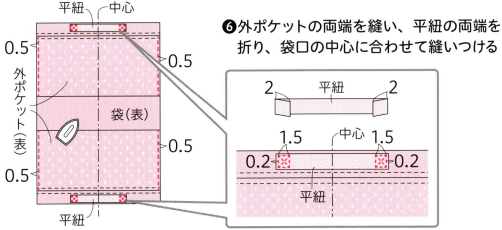

❼外表に二つ折りにして両脇を縫う

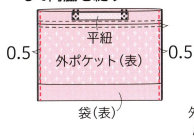

❽裏に返して、外ポケットの底の縫い目で、マチを内側に折り込む(P.29)

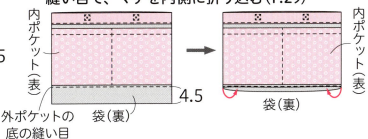

❾両脇を縫い、表に返して形をととのえる

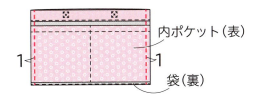

完成図

単位は㎝
⟵ 布のたて地の方向
----- 解説している縫い線
----- 縫い終えた線
●----- 縫い止まり
—・— 中心線

エコバッグ

photo P.23

材料
- 袋・持ち手用布…裁ち図参照
- 0.4㎝幅の平ゴム …13㎝

裁ち図

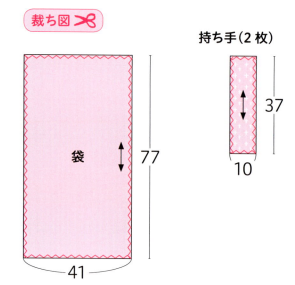

袋 77 × 41

持ち手(2枚) 37 × 10

※布を裁ったあとに縁かがり縫い(P.27)をする
（作り方では記号 〜〜〜〜 を省略）

作り方

❶ 持ち手の長辺を折って縫う

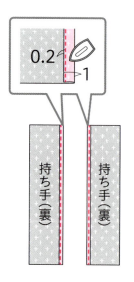

0.2 / 1

持ち手(裏)

❷ 袋の両端に、持ち手を中表に合わせて縫う

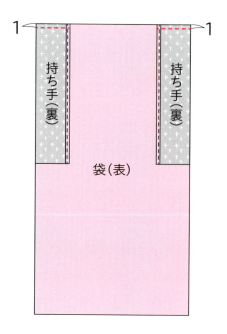

1　　　1

持ち手(裏)　　持ち手(裏)

袋(表)

❸裏側に返して、持ち手を上にひらき、
縫い代を袋側にたおして、袋口を縫う

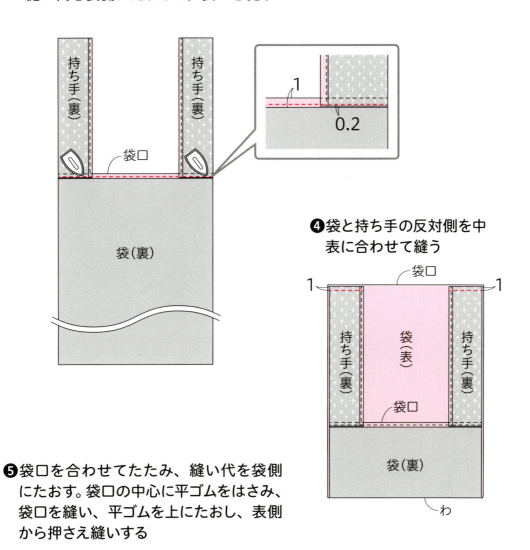

❹袋と持ち手の反対側を中表に合わせて縫う

❺袋口を合わせてたたみ、縫い代を袋側にたおす。袋口の中心に平ゴムをはさみ、袋口を縫い、平ゴムを上にたおし、表側から押さえ縫いする

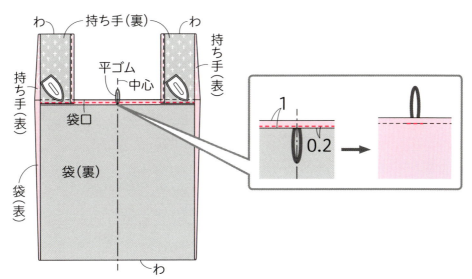

❻袋の両脇を縫う

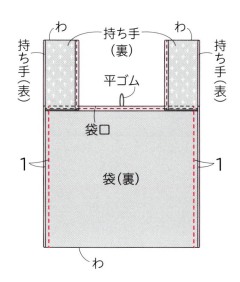

❼持ち手の脇側を折って縫う

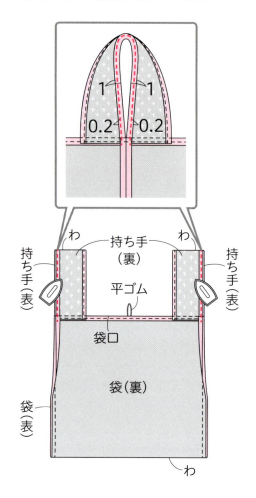

❽持ち手を半分に折り、続けて袋の両脇も折り、持ち手の上と袋の底を縫い、表に返してととのえる

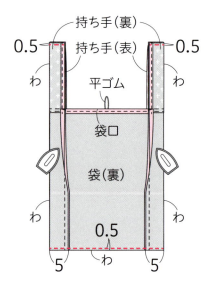

完成図

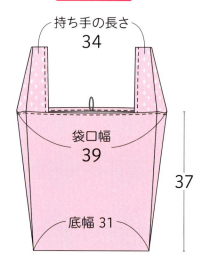

単位はcm
← 布のたて地の方向
------ 解説している縫い線
----- 縫い終えた線
●---- 縫い止まり
—・— 中心線

じゃばらバッグ
キッチンクロス

photo P.22

材料
- 袋用布 …裁ち図参照
  ※作品はリネン素材のキッチンクロス
- 2cm幅の平紐（P.25・リネンテープ）
  …24cm×2本
- かけ紐用 1.5cm幅の平紐（P.25・リネンテープ）…11cm
  ※作品はキッチンクロスについていたかけ紐を流用
- 直径5cmの輪っか（太さ直径0.3cm）の髪ゴム…1本

裁ち図

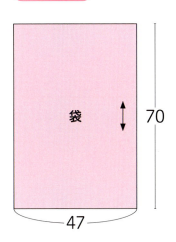

袋　70　47

じゃばらバッグ
ふろしき

photo P.22

材料
- 袋用布 …裁ち図参照
  ※作品はポリエステル素材の
  ふろしき（大サイズ）
- 3cm幅の平紐（P.25・コットンテープ）
  …46cm×2本
- 1cm幅のリボン…30cm×2本
- 直径6cmの輪っか（太さ直径0.4cm）
  の髪ゴム…1本

裁ち図

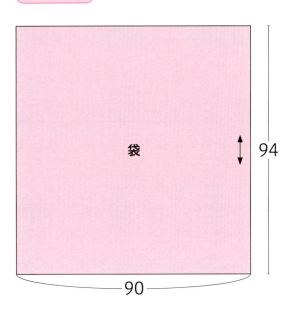

袋　94　90

作り方　じゃばらバッグ キッチンクロス・ふろしき共通

キッチンクロス
❶袋の上下辺を三つ折りにして袋口を縫う

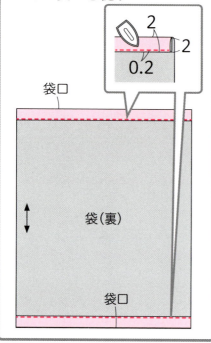

ふろしき
❶袋の上下辺を三つ折りにして、中心にリボンをはさんで袋口を縫い、リボンの先端を三つ折りにして縫う

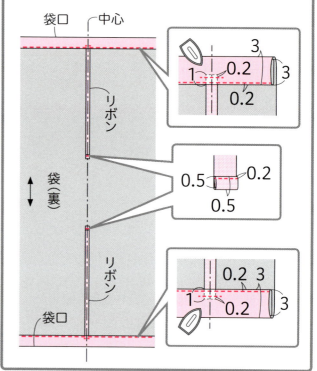

❷平紐の両端を折って縫い、中心を合わせて袋口に縫いつける

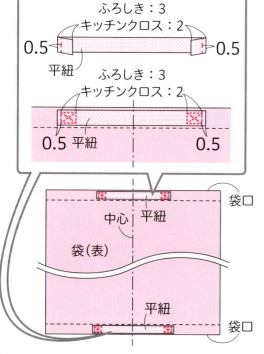

❸上下辺を中心に合わせて折り、さらに中心に合わせて折り、アイロンでしっかり折り目をつける

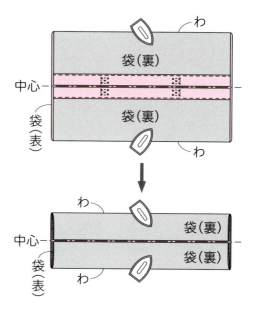

❹折り目を目安にじゃばらに折りたたむ

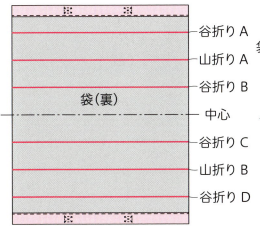

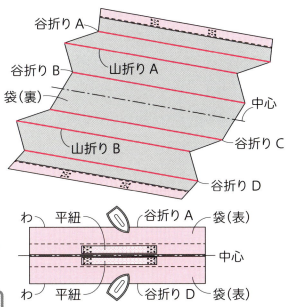

キッチンクロス

❺片側の袋口をひらいて、二つ折りにしたかけ紐と髪ゴムを縫いつける

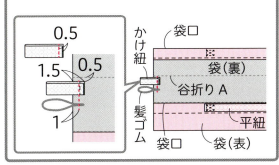

ふろしき

❺片側の袋口をひらいて、髪ゴムを縫いつける

❻袋口をとじて、髪ゴム（キッチンクロスはかけ紐も）を押さえ縫いし、両端を縫う

❼さらに半分に折り、両端を縫う

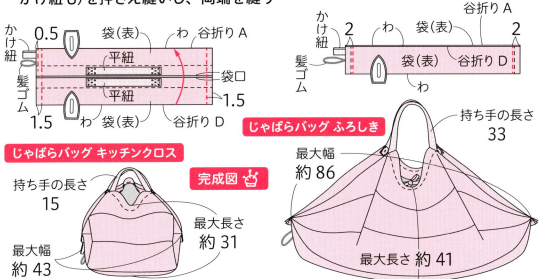

じゃばらバッグ キッチンクロス　完成図

持ち手の長さ 15
最大幅 約43
最大長さ 約31

じゃばらバッグ ふろしき

持ち手の長さ 33
最大幅 約86
最大長さ 約41

単位はcm
⟶ 布のたて地の方向
----- 解説している縫い線
----- 縫い終えた線
●---- 縫い止まり
—・— 中心線

薪バッグ

材料
- 袋用布…裁ち図参照
- 3cm幅の平紐（P.25・コットンテープ）…302cm

photo P.24

小枝バッグ

材料
- 袋用布…裁ち図参照
- 3cm幅の平紐（P.25・コットンテープ）…232cm

photo P.24

裁ち図

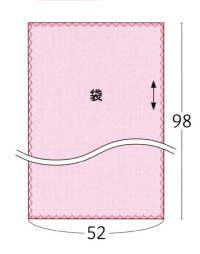

袋 98 × 52

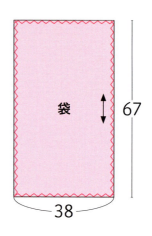

袋 67 × 38

作り方 薪バッグ・小枝バッグ共通

※布を裁ったあとに縁かがり縫い（P.27）をする（作り方では記号 〰〰〰 を省略）

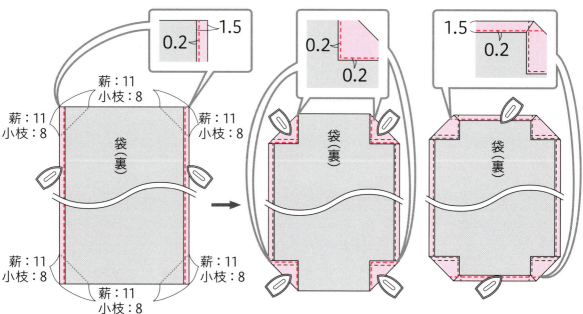

❶ 袋の両端を折って縫い、角4か所を折って縫う

薪：11 / 小枝：8（各角・各辺）
0.2、1.5

❷ 上下辺を折って縫う

1.5、0.2

94

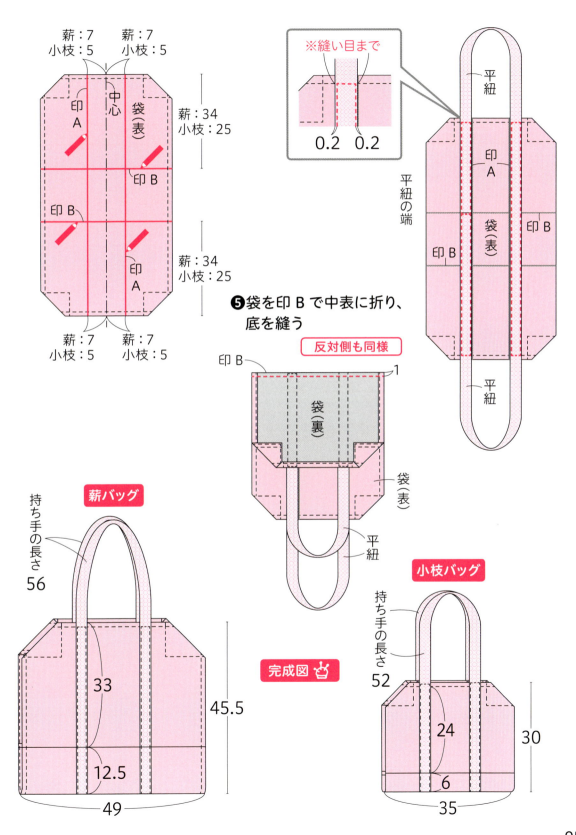

Junko Matsushita Mayumi Shimizu

Wrap Around R.
http://w-a-robe.com/

松下純子（まつした・じゅんこ）
2005年にWrap Around R.（ラップアラウンドローブ）を立ち上げる。「着物の色や柄、反物の幅をいかした、今の暮らしにあった服作り」をコンセプトにした作品は、幅広い年代に支持され、テレビや雑誌など幅広く活動中。著書に『いちばんやさしい着物リメイク』『1枚の着物から2着できる いちばんやさしい着物リメイク』『1本の帯で洋服からバッグまで はじめての帯リメイク』（PHP研究所）、『型紙いらずの浴衣リメイク』（河出書房新社）など多数。

清水真弓（しみず・まゆみ）
2011年よりアシスタントとして、松下純子氏に師事。バッグづくりを得意とし、小物担当として、作品づくりや裁縫教室での講師をつとめる。

Staff
撮影
木村正史

ブックデザイン・製図
堤 淳子

ヘアメイク
駒井麻未

モデル
AMBER（LIGHT management）

縫製アシスタント
阪本真美子、入野佳代子

作り方DTP
朝日メディアインターナショナル株式会社

校正協力
東 恵子、堤 裕子、株式会社鷗来堂

編集・作り方原稿
キムラミワコ

いちばんやさしい 普段づかいのバッグ

2021年9月23日　第1版第1刷発行

著　者　Wrap Around R. 松下純子　清水真弓
発行者　櫛原吉男
発行所　株式会社PHP研究所
　　　　京都本部　〒601-8411　京都市南区西九条北ノ内町11
　　　　〈内容のお問い合わせは〉教育出版部　☎ 075-681-8732
　　　　〈購入のお問い合わせは〉普及グループ　☎ 075-681-8554
印刷所　図書印刷株式会社

©Wrap Around R. Junko Matsushita & Mayumi Shimizu 2021 Printed in Japan
ISBN978-4-569-85033-7
※本書の無断複製（コピー・スキャン・デジタル化等）は著作権法で認められた場合を除き、禁じられています。また、本書を代行業者等に依頼してスキャンやデジタル化することは、いかなる場合でも認められておりません。
※落丁・乱丁本の場合は、送料弊社負担にてお取り替えいたします。